SO SPRACH ACHILL

Die *Ilias* nacherzählt
von Alessandro Baricco

Aus dem Italienischen
von Marianne Schneider

Carl Hanser Verlag

Die italienische Originalausgabe erschien 2004
unter dem Titel *Omero, Iliade* bei Feltrinelli Editore in Mailand.

Die Verse 401–409 aus dem IX. Gesang der *Ilias* auf S. 184–185
werden zitiert aus: Homer, *Ilias*, Übersetzung von Johann Heinrich Voß,
Insel Verlag, Frankfurt am Main 1990.

1 2 3 4 5   15 14 13 12 11

ISBN 978-3-446-23732-2
© Alessandro Baricco 2004, 2005
Alle Rechte der deutschen Ausgabe
© Carl Hanser Verlag München 2011
Satz: Satz für Satz. Barbara Reischmann, Leutkirch
Druck und Bindung: Friedrich Pustet, Regensburg
Printed in Germany

Nur wenige Zeilen zur Erklärung: Wie entstand der vorliegende Text? Vor einiger Zeit dachte ich, es wäre schön, wenn man die ganze Ilias öffentlich vorlesen würde. Als ich jemanden gefunden hatte, der bereit war, dieses Projekt zu realisieren, wurde mir sofort klar, dass man den Text so, wie er ist, im Grunde nicht vorlesen kann: Dazu wären eine etwa vierzigstündige Lesung und ein äußerst geduldiges Publikum nötig gewesen. So kam mir der Gedanke, den Text für eine öffentliche Lesung zu bearbeiten. Eine Übersetzung musste ausgewählt werden. Unter den vielen angesehenen entschied ich mich für die Prosaübersetzung von Maria Grazia Ciani (Edizioni Marsilio, Venedig 1990), sie kam meinem Empfinden am nächsten. Und dann nahm ich eine Reihe von Eingriffen vor.

Zunächst sollte die Lesung auf eine Dauer reduziert werden, die mit der Geduld eines modernen Publikums vereinbar war. Fast nirgends habe ich ganze Szenen gestrichen, sondern mich darauf beschränkt, so weit wie möglich die in der Ilias so zahlreichen Wiederholungen zu reduzieren und den Text ein wenig zu straffen. Auf Zusammenfassungen habe ich verzichtet und stattdessen knapp gefasste Sequenzen geschaffen, wozu ich Teile des Originaltextes verwendete.

Die Regel sah vor, dass ich nicht ganze Szenen streichen würde, doch es gibt eine bedeutende Ausnahme: Ich habe alle Auftritte der Götter gestrichen. Wie man weiß, erscheinen die Götter in der Ilias ziemlich oft, sie lenken die Ereignisse und bestimmen den Ausgang des Krieges. Dem modernen Leser dürften diese Teile ziemlich fremd vorkommen, sie unterbrechen häufig die Erzählung und verlangsamen dadurch das Erzähltempo, das sonst außergewöhnlich wäre. Ich hätte sie trotzdem nicht gestrichen, wenn ich von ihrer Notwendigkeit überzeugt gewesen wäre. Allein vom erzählerischen Standpunkt aus sind sie es jedoch nicht. Die *Ilias* hat ein solides laizistisches Gerüst, das sichtbar wird, sobald man die Götter ausklammert. Hinter der Tat eines Gottes zitiert der homerische Text fast immer eine menschliche Tat, die die göttliche verstärkt und gewissermaßen wieder auf die Erde stellt. Wie sehr auch die göttlichen Taten das Unermessliche übermitteln mögen, das oft im Leben durchscheint, die *Ilias* zeigt eine überraschende Hartnäckigkeit, stets in den Ereignissen eine Logik zu suchen, die den Menschen als letzten Urheber hat. Nimmt man also aus diesem Text die Götter heraus, bleibt keine verwaiste, unerklärliche Welt übrig, sondern eher eine äußerst menschliche Geschichte, in der die Menschen ihr Schicksal so erleben, als würden sie eine chiffrierte Sprache lesen, deren Code ihnen fast vollständig bekannt ist. Schließlich: Die Götter aus der *Ilias* zu entfernen, ist gewiss nicht die beste Methode, um die homerische Kultur zu verstehen, doch kann man meines Erachtens so jene Geschichte zurückbekommen, indem wir sie auf die Bahn unserer zeitgenössischen Erzählungen bringen. Wie Lukács sagte: Der Roman ist das von den Göttern verlassene Epos.

Mein zweiter Eingriff bezieht sich auf den Stil. Schon die Übersetzung von Maria Grazia Ciani ist eher in einem lebendigen Italienisch abgefasst als in einem philologischen Jargon. Ich habe versucht, in dieser Richtung weiterzugehen. Vom lexikalischen Standpunkt aus habe ich versucht, alle archaischen Ecken und Kanten zu beseitigen, die vom Kern der Dinge ablenken. Und außerdem suchte ich nach einem Rhythmus, nach der Kohärenz eines Taktes, nach einem Tempo von besonderer Schnelligkeit oder eigentümlicher Langsamkeit. Das habe ich getan, weil ich glaube, dass die Aufnahme eines Textes, der aus so großer Ferne kommt, vor allem anderen bedeutet, dass wir ihn in unserer eigenen Musik singen.

Der dritte Eingriff ist evidenter, auch wenn nicht so bedeutend, wie es aussieht. Ich habe die Erzählung ins Subjektive gewendet. Ich wählte eine Reihe von Personen der *Ilias* aus und ließ sie die Geschichte erzählen, so dass sie den außenstehenden homerischen Erzähler ersetzen. Größtenteils handelt es sich um eine rein technische Angelegenheit: Anstatt zu sagen »der Vater nahm die Tochter in die Arme«, haben wir in meinem Text die Tochter, die sagt »mein Vater nahm mich in die Arme«. Das hat natürlich mit dem Zweck der Arbeit zu tun. Es hilft dem Vorleser bei einer öffentlichen Lesung, wenn er eine Gestalt hat, an die er sich anlehnen kann, um nicht in eine farblose, unpersönliche Darstellung zu verfallen. Und für das Publikum von heute ist es leichter, sich in eine Geschichte hineinzuversetzen, wenn sie ihm einer erzählt, der sie selber erlebt hat.

Vierter Eingriff: Natürlich konnte ich der Versuchung nicht widerstehen und habe ein paar eigene Zusätze eingefügt. Hier werden sie im Kursivdruck wiedergegeben, so dass sie eindeutig erkennbar sind. Sie sind so etwas wie gekennzeichnete Restaurierungen in Glas und Stahl bei einer gotischen Fassade. Quantitativ gesehen ein verschwindend kleiner Prozentsatz des Textes. Zum großen Teil bringen sie Nuancen an die Oberfläche, die in der *Ilias* nicht lauthals ausgedrückt werden konnten, sondern zwischen den Zeilen verborgen wurden. Manchmal nehmen sie Stücke dieser Geschichte auf, die von anderen späteren Erzählungen überliefert werden (Apollodor, Euripides und Philostratos). Der offenbarste, aber gewissermaßen unübliche Fall ist der letzte Monolog, der des Demodokos: Bekanntlich endet die *Ilias* mit dem Tod Hektors und der Rückgabe seiner Leiche an Priamos; es fehlt jede Spur des troianischen Pferds und der Untergang Troias. Wenn ich an die öffentliche Lesung dachte, erschien es mir aber gemein, nicht zu erzählen, wie der Krieg dann schließlich zu Ende ging. So verwendete ich eine Situation, die in der *Odyssee* vorkommt (Achter Gesang: Am Hof der Phäaken singt Demodokos, ein alter Aede, vor Odysseus den Untergang Troias), und goss sozusagen die Übersetzung einiger Stellen aus »Die Einnahme Ilions« des Tryphiodor hinein: aus einem Buch mit einer gewissen posthomerischen Eleganz, das wahrscheinlich aus dem vierten Jahrhundert nach Christus stammt.

Der so entstandene Text wurde tatsächlich im Herbst 2004 in Rom und in Turin öffentlich vorgelesen. Nebenbei möchte ich sagen, dass bei den beiden Lesungen mehr als zehntausend (zahlende) Menschen anwesend waren und dass der italienische Rundfunk die römische Aufführung *live* übertrug, zur großen Freude der Autofahrer und der verschiedensten Hausfrauen und Hausmänner. Es kamen zahlreiche Fälle vor, wo Leute stundenlang am Parkplatz im Auto sitzen blieben, weil sie das Radio nicht ausschalten konnten. Es kann natürlich sein, dass sie ihre Familie satthatten, aber ich wollte eigentlich nur damit sagen, dass es sehr gut gegangen ist.

Jetzt soll der Text dieser merkwürdigen *Ilias* in zahlreiche Sprachen auf der ganzen Welt übersetzt werden. Es ist mir bewusst, dass sich so ein Paradox ans andere schließt. Ein schon in einen italienischen Text übersetzter griechischer Text wird in einen anderen italienischen Text umgearbeitet und schließlich zum Beispiel in einen chinesischen Text übersetzt. Das wäre für Borges der Gipfel gewesen. Die Möglichkeit, auch nur die Kraft des homerischen Originals zu verlieren, ist natürlich hoch. Ich kann mir nicht vorstellen, was geschehen wird. Aber ich möchte den Verlegern und Übersetzern, die beschlossen haben, sich auf dieses Unternehmen einzulassen, liebe Grüße zukommen lassen: Ich empfinde sie als meine Reisegefährten bei einem der bizarrsten Abenteuer, die ich erlebt habe.

Dem Dank, den ich ihnen schulde, möchte ich meine Anerkennung für drei Personen hinzufügen: Wahrscheinlich würde ich noch immer überlegen, ob ich die Ilias machen soll oder Moby Dick, wenn Monique Veaute nicht mit ihrem unvergleichlichen Optimismus beschlossen hätte, dass ich zuerst die Ilias mache und dann Moby Dick. Was ich jetzt von der Ilias weiß und vorher nicht wusste, verdanke ich voll und ganz Maria Grazia Ciani. Sie verfolgte dieses merkwürdige Unterfangen mit einem Wohlwollen, das ich mir nie erwartet hätte. Wenn schließlich aus diesem Unterfangen ein Buch wurde, dann schulde ich das wieder einmal der Sorgfalt von Paola Lagossi, meiner Lehrmeisterin und Freundin.

… SO SPRACH ACHILL

CHRYSËIS

Alles begann an einem Tag voller Gewalt.

Schon neun Jahre lang belagerten die Achäer Troia. Wenn sie, wie so oft, Lebensmittel oder Tiere oder Frauen brauchten, unterbrachen sie die Belagerung, machten Beutezüge und plünderten die Städte in der Umgebung. An dem Tag war Theben, meine Heimatstadt, an der Reihe. Sie nahmen uns alles und brachten es zu ihren Schiffen.

Unter den Frauen, die sie entführten, war auch ich. Ich war schön: Als sich die Fürsten der Achäer in ihrem Lager die Beute teilten, sah mich Agamemnon und wollte mich für sich. Er war der König der Könige und das Oberhaupt aller Achäer: Er brachte mich in sein Zelt und in sein Bett. In der Heimat hatte er eine Frau, die Klytemnästra hieß. Er liebte sie. An dem Tag sah er mich und wollte mich.

Aber einige Tage später kam mein Vater in das Lager der Achäer. Er hieß Chryses und war ein Priester des Apollon. Ein alter Mann. Wunderbare Geschenke brachte er mit und bat die Achäer, mich dafür freizulassen. Wie ich schon sagte: Er war ein alter Mann und Apollonpriester. Nachdem ihn die Achäerfürsten gesehen und angehört hatten, sprachen sie sich alle dafür aus, das Lösegeld anzunehmen und der edlen Gestalt, die sie angefleht hatte, Ehre zu erweisen. Nur einer unter ihnen ließ sich nicht beeindrucken: Agamemnon. Er erhob sich und schleuderte meinem Vater brutal ins Gesicht: »Verschwinde, Alter, und lass dich nie mehr hier blicken! Ich werde deine Tochter nicht freilassen. Sie wird in Argos alt werden, in meinem Haus, weit weg von ihrer Heimat wird sie am Webstuhl arbeiten und das Bett mit mir teilen. Und jetzt gehe, wenn dir dein Leben lieb ist.«

Entsetzt gehorchte mein Vater. Er ging schweigend weg und verschwand in Richtung der Meeresküste, im Geräusch des Meeres, so hätte man sagen können. Da geschah es unvermutet, dass Tod und Leid über die Achäer hereinbrachen. Neun Tage lang wurden Mann und Tier von Pfeilen getötet, und die Scheiterhaufen der Toten brannten ohne Unterlass. Am zehnten Tag berief Achill das Heer zu einer Versammlung ein. Vor allen sprach er: »Wenn es so weitergeht, werden wir gezwungen sein, unsere Schiffe zu besteigen und heimzufahren, sonst ist uns allen der Tod sicher. Ziehen wir einen Propheten oder einen Wahrsager oder einen Priester zu Rate, der imstande ist, uns zu erklären, was hier geschieht, und der uns von dieser Plage befreien kann.«

Da erhob sich Kalchas, der berühmteste unter den Wahrsagern. Er wusste alles, was war, was ist und was sein wird. Ein weiser Mann. Er sprach: »Du willst den Grund von all dem wissen, Achill, und ich werde ihn dir sagen. Du aber schwöre, dass du mich in Schutz nehmen wirst, denn was ich sagen werde, kann einen Mann beleidigen, der die Macht über alle Achäer hat und dem alle Achäer gehorchen. Ich setze mein Leben aufs Spiel. Du schwöre mir, dass du es in Schutz nehmen wirst.«

Achill antwortete ihm, er brauche keine Angst zu haben, sondern solle sagen, was er wisse. Er sprach: »Solange ich am Leben bin, wird es kein Achäer wagen, die Hand gegen dich zu erheben. Keiner. Auch Agamemnon nicht.«

Da fasste der Wahrsager Mut und sprach: »Seit wir jenen alten Mann beleidigt haben, fällt sein Schmerz auf uns zurück.

Agamemnon hat das Lösegeld abgelehnt und hat die Tochter des Chryses nicht freigelassen: Und der Schmerz des Vaters ist auf uns zurückgefallen. Wir können ihn nur auf eine Weise verscheuchen: dem Chryses das Mädchen mit den leuchtenden Augen zurückgeben, bevor es zu spät ist.« So sprach er, und dann setzte er sich wieder.

Da erhob sich Agamemnon, das Gemüt voll schwarzem Ingrimm und die Augen von feurigen Blitzen entflammt. Hasserfüllt blickte er auf Kalchas und sprach: »Unglücksprophet, nie hast du mir Gutes geweissagt, nur das Übel enthüllst du gern. Und jetzt willst du mir Chryseis wegnehmen, die mir lieber ist als meine Gattin Klytemnästra und die mit ihr wetteifern könnte in Schönheit, Klugheit und edlem Sinn. Muss ich sie zurückgeben? Ich werde es tun, denn ich will, dass das Heer heil davonkommt. Ich werde es tun, wenn es so sein muss. Aber macht mir sofort ein Geschenk, das sie ersetzen kann, denn es ist ungerecht, dass ich als Einziger unter den Achäern nichts von der Beute habe. Ich will ein anderes Geschenk für mich.«

Da sprach Achill: »Wie sollen wir jetzt ein Geschenk für dich finden, Agamemnon? Die ganze Beute ist schon verteilt, wir können nicht noch einmal von vorne anfangen, das ist nicht recht. Gib das Mädchen zurück, und wir werden dich dreifach und vierfach entschädigen, wenn wir Ilios erobert haben.«

Agamemnon schüttelte den Kopf. »Du kannst mich nicht hinters Licht führen, Achill. Du möchtest deine Beute behalten, und ich soll nichts haben. Nein, ich werde das Mädchen zurückgeben, und dann werde ich mir holen, was mir gefällt, und vielleicht werde ich es Ajax nehmen oder Odysseus oder vielleicht auch dir.«

Achill sah ihn mit Hass an: »Unverschämt bist du und habgierig«, sprach er, »du verlangst, dass dir die Achäer in der Schlacht folgen? Ich bin nicht gekommen, um gegen die Troer zu kämpfen, mir haben sie nichts getan. Sie haben mir weder Ochsen noch Pferde gestohlen, sie haben mir keine Ernte zerstört. Berge voller Schatten trennen mein Land von dem ihren, und ein tosendes Meer. Ich bin hier, weil ich dir gefolgt bin, du Schamloser, um die Ehre des Menelaos und die deine zu verteidigen. Und dir, du Bastard, du Hund, ist das egal, und du drohst mir die Beute zu nehmen, für die ich so viel durchgestanden habe? Nein, da ist es besser, ich fahre wieder heim, als dass ich hier bleibe, mir die Ehre nehmen lasse und kämpfe, um dir Schätze und Reichtümer zu verschaffen.«

Da erwiderte Agamemnon: »Geh nur, wenn du willst, ich werde dich gewiss nicht bitten zu bleiben. Andere werden sich an meiner Seite Ehre erwerben. Du gefällst mir nicht, Achill: Du liebst die Raufereien, den Streit, den Krieg. Stark bist du ja, sicher, aber das ist nicht dein Verdienst. Fahr nur zurück und regiere bei dir zu Haus, mir liegt nichts an dir, und ich fürchte auch deinen Zorn nicht. Im Gegenteil, ich will dir sagen: Chrysëis schicke ich auf meinem Schiff mit meinen Leuten zu ihrem Vater zurück. Aber dann komme ich selbst in dein Zelt und hole mir die schöne Brisëis, deine Beute, damit du weißt, wer hier der Stärkere ist, und damit alle lernen, mich zu fürchten.«

So sprach er. Und es war, als hätte er Achill mitten ins Herz getroffen. Der Sohn des Peleus war schon dabei, sein Schwert aus der Scheide zu ziehen, und er hätte Agamemnon gewiss umgebracht, wenn es ihm nicht im letzten Augenblick gelungen wäre, seine Wut zu bezähmen und die Hand auf dem silbernen Knauf zurückzuhalten. Er sah Agamemnon an und sprach wutentbrannt zu ihm:

»Du Hund, Schlappschwanz, Feigling. Ich schwöre bei diesem Zepter, der Tag wird kommen, an dem alle Achäer mir nachweinen werden, wenn sie unter den Schlägen Hektors fallen. Und du wirst für sie leiden, aber nichts tun können. Du wirst dich nur an den Tag erinnern können, an dem du den Stärksten der Achäer beleidigt hast, und wirst verrückt werden vor Wut. Der Tag wird kommen, Agamemnon, ich schwöre es dir.«

So sprach er und schleuderte das mit goldenen Beschlägen verzierte Zepter zu Boden.

Als die Versammlung auseinanderging, ließ Agamemnon eines seiner Schiffe flottmachen, beorderte zwanzig Mann dorthin und übergab das Kommando dem listenreichen Odysseus. Dann kam er zu mir, nahm mich bei der Hand und begleitete mich zum Schiff. »Schöne Chrysëis«, sagte er. Und er ließ es geschehen, dass ich zu meinem Vater und in meine Heimat zurückkehrte. Er blieb an der Küste stehen und sah zu, wie das Schiff in See stach.

Als es am Horizont verschwand, rief er zwei seiner treuesten Herolde und befahl ihnen, zum Zelt des Achill zu gehen, Brisëis bei der Hand zu nehmen und fortzuführen. Er sprach zu ihnen: »Wenn sich Achill weigert, sie euch zu geben, dann teilt ihm mit, ich werde sie mir selbst holen. Das wird ihm viel schlechter bekommen.« Die beiden Herolde hießen Talthybios und Eurybates. Widerwillig gingen sie die Meeresküste entlang, und schließlich kamen sie zum Lager der Myrmidonen. Sie fanden Achill, der bei seinem Zelt neben dem schwarzen Schiff saß. Vor ihm blieben sie stehen und schwiegen, denn sie empfanden Ehrfurcht und Furcht vor diesem König. Da begann er zu sprechen.

»Kommt näher«, sagte er. »Ihr seid an alldem nicht schuld, sondern Agamemnon. Kommt näher ohne Angst vor mir.« Dann rief er Patroklos und bat ihn, Brisëis zu holen und sie den beiden Herolden auszuhändigen. »Ihr seid meine Zeugen«, sagte er und sah sie an, »Agamemnon hat den Verstand verloren. Er denkt nicht an das, was geschehen wird, er denkt nicht an den Tag, an dem er mich brauchen wird, um die Achäer und ihre Schiffe zu verteidigen, es liegt ihm nichts an der Vergangenheit und nichts an der Zukunft. Ihr seid meine Zeugen, der Mann hat den Verstand verloren.«

Die beiden Herolde brachen auf und gingen den Weg zwischen den an Land gezogenen schnellen Schiffen der Achäer zurück. Hinter ihnen ging Brisëis. Die Schöne ging mit, traurig – und schweren Herzens.

Achill sah sie weggehen. Da setzte er sich allein an den Strand und begann zu weinen, vor sich das weiß schäumende Meer, die unendliche Weite. Er war der Herr des Krieges und der Schrecken jeden Troers. Aber er brach in Tränen aus, und wie ein Kind rief er nach seiner Mutter. Da kam sie von ferne und erschien ihm. Sie setzte sich neben ihn und fing an ihn zu streicheln. Leise rief sie ihn beim Namen. »Mein Sohn, warum habe ich dich zur Welt gebracht, ich unglückliche Mutter? Dein Leben wird kurz sein, könntest du es wenigstens ohne Tränen und ohne Schmerzen verbringen …« Achill sagte zu ihr: »Kannst du mich retten, Mutter? Kannst du das?« Aber die Mutter sagte nur: »Hör mir zu, bleibe hier bei den Schiffen und geh nicht mehr in die Schlacht. Beharre auf deinem Zorn gegen die Achäer und höre nicht auf deinen Wunsch nach Krieg. Ich sage dir: Eines Tages werden sie dir wunderbare Geschenke anbieten, und sie werden dir dreimal so viel geben wegen der Beleidigung, die du erlitten hast.« Dann verschwand sie, und Achill blieb allein: Er kochte vor Wut wegen der Ungerechtigkeit, die ihm widerfahren war. Und sein Herz verzehrte sich vor Sehnsucht nach dem Gebrüll der Schlacht und dem Tumult des Krieges.

Ich sah meine Heimatstadt wieder, als das Schiff, das Odysseus befehligte, in den Hafen einfuhr. Sie zogen die Segel ein und näherten sich mit den Rudern dem Ankerplatz. Sie warfen die Anker und banden die Hecktaue fest. Zuerst luden sie die Tiere für das Opfer an Apollon aus. Dann nahm mich Odysseus bei der Hand und führte mich an Land. Er geleitete mich bis zum Altar des Apollon, wo mich mein Vater erwartete. Er ließ mich gehen, und mein Vater schloss mich vor Freude gerührt in seine Arme.

Odysseus und die Seinen verbrachten die Nacht in der Nähe ihres Schiffs. Bei Tagesanbruch stellten sie die Segel in den Wind und fuhren wieder ab. Ich sah das Schiff leicht dahineilen in den Wellen, deren Schaum rings um den Schiffsbauch brodelte. Ich sah es am Horizont verschwinden. *Könnt ihr euch vorstellen, wie mein Leben von da an war? Mitunter träume ich von Staub, Waffen, Reichtümern und jungen Helden. Es ist immer derselbe Ort, an der Meeresküste. Es riecht nach Blut und Männern. Ich lebe dort, und der König der Könige wirft sein Leben und seine Leute in den Wind, für mich, für meine Schönheit und meine Anmut. Wenn ich aufwache, ist mein Vater an meiner Seite. Er streichelt mich und sagt: Es ist alles vorbei, mein Kind. Schlaf. Es ist alles vorbei.*

THERSITES

Alle kannten mich. Ich war der hässlichste Mann, der damals bei der Belagerung Troias dabei war: schief, hinkend, Buckel, eingefallene Schultern, Spitzkopf mit schütterem Flaum überzogen. Ich war berühmt, weil ich gern schlecht redete von den Königen, von allen Königen. Die Achäer hörten mir zu und lachten. Und deshalb hassten mich die Könige der Achäer. *Ich will euch erzählen, was ich weiß, damit auch ihr versteht, was ich verstanden habe: Der Krieg ist eine Obsession der alten Männer, und in den Kampf schicken sie die jungen.*

Agamemnon war in seinem Zelt und schlief. Plötzlich glaubte er die Stimme Nestors zu hören, der Älteste von uns allen und der beliebteste Weise, dem man am meisten Gehör schenkte. Die Stimme sagte: »Agamemnon, Sohn des Atreus, du liegst hier und schläfst, der du ein ganzes Heer befehligst und so viele Dinge zu tun hättest.« Agamemnon machte die Augen nicht auf. Er glaubte zu träumen. Da kam die Stimme näher und sagte: »Hör zu, ich habe eine Botschaft von Zeus für dich, der dir aus der Ferne zusieht und sich um dich sorgt und Erbarmen hat mit dir. Er befiehlt dir, die Achäer sofort zu bewaffnen, denn heute könntest du Troia erobern. Die Götter werden alle auf deiner Seite stehen, und über deine Feinde wird das Unglück hereinbrechen. Vergiss es nicht, wenn der süße Schlaf von dir weichen wird und du erwachst. Vergiss nicht die Botschaft des Zeus.«

Dann verstummte die Stimme. Agamemnon öffnete die Augen. Er sah Nestor, den Alten, nicht, der geräuschlos aus dem Zelt hinausglitt. Er dachte, er habe geträumt. Und habe sich im Traum als Sieger gesehen. Da stand er auf, zog ein weiches, neues, wunderschönes Gewand an und warf sich den weiten Mantel um; schlüpfte in die schönsten Sandalen und hängte sich das silberbeschlagene Schwert über die Schultern. Zum Schluss nahm er das Zepter seiner Ahnen und ging damit zu den Schiffen der Achäer, während Eos, die Morgenröte, dem Zeus und den anderen Unsterblichen das Licht ankündigte. Er aber befahl den Herolden, mit lauter Stimme die Achäer zu einer Versammlung einzuberufen, und als alle gekommen waren, rief er als Erstes die edlen Fürsten des Rates. Er erzählte ihnen, was er geträumt hatte. Dann sagte er: »Heute werden wir die Achäer bewaffnen und dann zum Angriff übergehen. Zuerst aber zuerst will ich das Heer auf die Probe stellen, wie es mein Recht ist. Ich werde zu den Soldaten sagen, dass ich beschlossen habe, nach Hause zurückzukehren und auf den Krieg zu verzichten. Ihr werdet versuchen, sie zum Bleiben und zum Weiterkämpfen zu überreden. Ich will sehen, was dann geschieht.«

Die edlen Fürsten schwiegen, sie wussten nicht, was sie denken sollten. Dann erhob sich Nestor, der Alte, kein anderer als er, und sprach: »Freunde, Anführer und Herrscher der Achäer, wenn irgendeiner von uns daherkäme und einen solchen Traum erzählen würde, dann würden wir ihm nicht zuhören und denken, dass er lügt. Doch derjenige, der dies geträumt hat, rühmt sich, der Beste unter den Achäern zu sein. Deshalb sage ich: Gehen wir und rüsten wir das Heer.« Dann erhob er sich und verließ den Rat. Die anderen sahen ihn weggehen, und sie erhoben sich alle ihrerseits, als folgten sie ihrem Hirten, und gingen weg, um ihre Leute zu versammeln.

Wie wenn aus einer Felsspalte, einer nach dem anderen, dichte Bienenschwärme dringen, die auf die Frühlingsblumen zufliegen, um sich dann nach allen Seiten zu zerstreuen, so fanden sich, aus Zelten und Schiffen kommend, dichtgedrängte Scharen von Männern am Meeresstrand zur Versammlung ein. Die Erde dröhnte unter ihren Schritten, Getöse und Tumult herrschten überall. Neun Herolde versuchten durch ihre Schreie den Lärm einzudämmen, denn alle sollten die Stimme der Könige hören, die zu ihnen sprechen würden. Schließlich gelang es ihnen, uns zum Sitzen zu bringen und die Ruhe wiederherzustellen. Da erhob sich Agamemnon. Er hielt das Zepter in der Hand, das Hephaistos vor langer, langer Zeit angefertigt hatte. Hephaistos hatte es Zeus, dem Sohn des Chronos, geschenkt, und Zeus gab es Hermes, dem schnellen Boten. Hermes schenkte es Pelops, dem Pferdebändiger, und Pelops dem Atreus, dem Hirten der Völker. Atreus hinterließ es sterbend dem Thyestes, dem Besitzer der vielen Herden, und von Thyestes bekam es Agamemnon, damit er über Argos und seine zahllosen Inseln herrsche. Es war das Zepter seiner Macht. Er hielt es fest und sprach: »Danaer, Helden, Schildträger des Ares, der grausame Zeus hat mich zu einem schweren Unglück verurteilt. Zuerst versprach und schwor er, ich würde nach Hause zurückkehren, nachdem ich Ilios mit seinen schönen Mauern zerstört hätte, und jetzt will er, dass ich ruhmlos nach Argos zurückkehre, nachdem ich so viele Krieger in den Tod geschickt habe. Welch eine Schmach: Ein herrliches, unendlich zahlreiches Heer kämpft in der Schlacht mit einem Heer aus wenigen Männern, und doch ist noch kein Ende abzusehen. Wir sind zehnmal so viele wie die Troer. Aber sie haben tapfere Verbündete, die aus anderen Städten kommen, und das wird mich zuletzt daran hindern, das schöne Ilios einzunehmen. Neun Jahre sind vergangen. Seit neun Jahren warten unsere Frauen und unsere Kinder zu Hause auf uns. Das Holz der Schiffe ist verfault, und es gibt kein Tau, das nicht locker geworden wäre. Hört auf mich: Fliehen wir auf unsere Schiffe und fahren wir heimwärts. Wir werden Troia niemals erobern.«

So sprach er. Und seine Worte trafen uns ins Herz. Die enorme Versammlung wogte wie ein Meer im Sturm, wie ein Kornfeld, in dem Unwetter und Wind wüten. Und ich sah einige mit Freudengeschrei zu den Schiffen stürzen und eine riesige Staubwolke aufwirbeln. Sie riefen einander zu, die Schiffe zu nehmen und ins göttliche Meer zu ziehen. Sie räumten die Kielfurchen aus, und während sie schon die Stützbalken unter den Schiffen wegnahmen, erfüllten ihre Heimwehschreie den Himmel. In diesem Augenblick sah ich Odysseus. Den Listenreichen. Er regte sich nicht. Er war nicht zu den Schiffen gegangen. Die Angst verzehrte sein Herz. Mit einem Mal warf er seinen Umhang ab und lief zu Agamemnon. Er riss ihm das Zepter aus der Hand und eilte wortlos zu den Schiffen. Und den Fürsten des Rats schrie er zu: »Gebietet Einhalt, erinnert ihr euch nicht, was Agamemnon gesagt hat? Er stellt sie auf die Probe, aber dann wird er sie bestrafen. Haltet inne, und sie werden, wenn sie euch sehen, innehalten!« Und die Soldaten, die ihm über den Weg liefen, schlug er mit dem Zepter und brüllte sie an: »Bleibt hier, ihr Wahnsinnigen! Lauft nicht fort, ihr seid nur feig und mutlos, schaut eure Fürsten an und lernt von ihnen.« Zuletzt gelang es ihm, ihnen Einhalt zu gebieten. Von den Schiffen und den Zelten kehrte die Menge aufs Neue zurück, es war wie das Meer, wenn es an das Gestade braust und den ganzen Ozean widerhallen lässt. Da beschloss ich, meine Meinung zu sagen. Vor allen begann ich laut zu rufen: »Agamemnon, was willst du eigentlich, worüber hast du zu klagen? Dein Zelt ist voll Erz und voll schöner Frauen: die *du* dir aussuchst, wenn wir sie dir geben, nachdem wir sie aus ihren Häusern entführt haben. Vielleicht willst du noch mehr Gold, das Gold, das dir die troianischen Väter bringen, um ihre Söhne freizukaufen, die wir auf dem Schlachtfeld gefangen nehmen. Oder willst du eine neue Sklavin, eine Sklavin für dein Bett, die nur dir allein gehört? Nein, es ist nicht gerecht, dass ein Oberhaupt die Söhne der Danaer ins Verderben schickt. Gefährten, seid nicht feige, fahren wir nach Hause, und den da lassen wir hier in Troia, seine Beute soll er genießen und er wird sehen, ob wir ihm nützlich waren oder nicht. Er hat Achill beleidigt, der als Krieger tausendmal stärker ist als er selbst. Er hat ihm seinen Teil der Beute weggenommen und behält ihn jetzt für sich. Das ist noch kein Zorn, wenn Achill wirklich vor Zorn glühen würde, dann wärest du, Agamemnon, nicht mehr hier, um uns noch einmal zu beleidigen.« Die Achäer hörten mir zu. Agamemnon sagte nichts. Aber Odysseus schon, er trat an meine Seite. »Du verstehst zu reden«, sagte er zu mir, »aber du redest wie ein Dummkopf. Du bist der Schlechteste, Thersites, weißt du das? Der schlechteste aller Krieger, die vor die Mauern von Ilios gekommen sind. Du amüsierst dich, Agamemnon, den König der Könige zu beleidigen, nur weil ihr achäischen Krieger ihm so viele Geschenke gebracht habt. Aber ich sage dir und ich schwöre es dir, wenn ich noch mal einen solchen Blödsinn aus deinem Munde höre, dann packe ich dich, reiß dir die Kleider – den Umhang, das Gewand und alles – vom Leib und schicke dich zurück zu den Schiffen, nackt und heulend und von Wunden grausam bedeckt.« Und bei diesen Worten schlug er mich mit dem Zepter auf die Schultern und den Rücken. Ich krümmte mich unter seinen Schlägen. Das Blut strömte mir über meinen Umhang, und ich musste wegen der Schmerzen und der Erniedrigung weinen. Angsterfüllt fiel ich zu Boden. Mit stumpfem Blick blieb ich liegen und wischte mir die Tränen ab, während alle in der Runde über mich lachten. Da erhob Odysseus das Zepter und wandte sich an Agamemnon und sprach zu ihm mit sehr lauter Stimme, so dass ihn alle hören konnten: »Sohn des Atreus, die Achäer möchten dich zum erbärmlichsten aller Sterblichen machen. Sie haben dir versprochen, das schöne Ilios zu zerstören, und jetzt weinen sie wie Kinder, wie elende Witwen, die wieder nach Hause wollen. Ich kann sie allerdings nicht tadeln: Seit neun Jahren sind wir hier, wo wir uns doch nach einem einzigen Monat fern von unseren Frauen nach der Rückkehr sehnten. Und trotzdem wäre es ehrlos, nach so langer Zeit das Schlachtfeld ohne Erfolg zu verlassen. Wir müssen noch Geduld haben, Freunde. Erinnert ihr euch an den Tag, an dem wir alle in Aulis zusammenkamen, um loszusegeln und Priamus und die Troer zu vernichten? Wisst ihr noch, was da passiert ist? Wir opferten den Göttern in der Nähe einer Quelle, unter einer wunderschönen hellen Platane. Und auf einmal kam unter den Altären eine Schlange mit einem rötlichen Rücken hervor, ein grässliches Ungeheuer, das Zeus selbst geschaffen hatte, und kroch auf den Baum. Dort oben war ein Spatzennest, und die Bestie kroch hinauf und verschlang alles, was sie dort fand: die acht Jungen und die Mutter. Und sowie sie alles verschlungen hatte, verwandelte sie sich in Stein. Wir sahen alles mit an und verstummten. Aber Kalchas, wisst ihr noch, was Kalchas sagte? ›Das ist ein Zeichen‹, sagte er. ›Das hat uns Zeus geschickt. Es ist eine Weissagung unendlichen Ruhms. Wie die Schlange die acht Jungen und die Mutter verschlungen hat, so müssen wir neun Jahre in Ilios kämpfen. Aber im zehnten Jahr werden wir Ilios mit seinen breiten Straßen erobern.‹ So sprach er zu uns. Und heute seht ihr all das unter euren Augen geschehen. Hört auf mich, ihr Achäer in euren schönen Rüstungen. Fahrt nicht weg. Bleibt hier. Und wir werden die große Stadt des Priamus einnehmen.«

So sprach er. Und die Achäer stießen ein lautes Geschrei aus, und aus allen Schiffen hallte das Tosen ihrer Begeisterung fürchterlich wider. An dieser Stelle nahm der alte Nestor noch einmal das Wort und sprach: »Agamemnon, führe du uns wie einst wieder an in der Schlacht mit deinem unbezähmbaren Willen. Keiner soll Eile haben, nach Hause zu kommen, bevor er nicht mit der Frau eines Troers geschlafen und den Schmerz für den Raub Helenas gerächt hat. Und ich sage euch, wenn einer in seinem Wahn beschließt, nach Hause zurückzukehren, dann wird er nicht dazu kommen, sein schwarzes Schiff zu besteigen, denn es wird ihn ein tödliches Geschick ereilen.«

Schweigend hörten ihm alle zu. Die Alten ... Agamemnon verbeugte sich beinahe: »Wieder einmal hast du, Alter, weise gesprochen.« Dann blickte er in die Runde und sprach: »Geht euch nun rüsten, denn wir werden heute noch angreifen. Esst, schleift eure Lanzen gut, richtet eure Schilde her, gebt den schnellen Pferden ein gutes Fressen, überprüft eure Streitwagen: denn wir müssen den ganzen Tag kämpfen, und erst die Nacht wird die rasenden Männer voneinander trennen. Die Brust wird vor Schweiß triefen unter dem großen Panzer, und die Hand wird müde sein, die Lanze zu halten. Aber jeder, der es wagt, aus der Schlacht wegzulaufen und bei den Schiffen Zuflucht zu suchen, ist ein toter Mann.«

Da kam ein ungeheuer lauter Schrei aus allen Mündern, und alle zerstreuten sich dann bei den Schiffen. Jeder ging und rüstete sich für die Schlacht. Der eine aß, der andere schliff seine Waffen, jemand betete, andere brachten ihren Göttern Opfer dar und flehten sie an, sie vor dem Tod zu bewahren. Bald versammelten die Könige aus göttlichem Geschlecht ihre Männer, stellten sie, mitten unter ihnen bald dahin bald dorthin eilend, in Schlachtreihen auf und ermunterten sie loszumarschieren. Und plötzlich wurde es für uns alle süßer zu kämpfen, als ins Heimatland zurückzukehren. Wir marschierten in unseren bronzenen Rüstungen: wie ein Brand, der den Wald verzehrt und den man von ferne erblickt, und dessen hellen Schein man leuchtend zum Himmel aufsteigen sieht. Wir marschierten hinunter in die Ebene des Skamander wie ein ungeheurer Vogelschwarm, der vom Himmel herabkommt und sich mit großem Kreischen und Flügelschlagen auf Wiesen niederlässt. Die Erde schallte fürchterlich wider unter den Füßen der Männer und den Hufen der Pferde, nahe beim Fluss vor Troia machten wir halt. Wir waren zu Tausenden, so zahlreich wie im Frühling die Blumen. Und wir wünschten uns nur dies eine: das Blut der Schlacht.

Darauf versammelten Hektor und die fremden Fürsten, seine Verbündeten, ihre Männer und stürmten zu Fuß und zu Pferd aus der Stadt heraus. Wir hörten ein ungeheures Getöse. Wir sahen sie auf den Hügel von Batieia steigen, der isoliert mitten in der Ebene hochragte. Dort scharten sie sich, wie es ihre Anführer befahlen. Dann begannen sie gegen uns vorzurücken, kreischten wie Vögel, die am Himmel einen tödlichen Kampf ankündigen. Wir marschierten auf sie zu, aber schweigend, die Wut in unserem Inneren verborgen. Die Schritte unserer Heere wirbelten einen Staub auf, der wie ein Nebel oder eine Nacht alles verschlang.

Schließlich standen wir einander gegenüber. Wir blieben stehen. Da trat unvermutet aus den Reihen der Troer Paris hervor, göttergleich, ein Pantherfell über den Schultern. Mit einem Bogen und einem Schwert war er bewaffnet. In einer Hand hielt er noch zwei Lanzen mit Bronzespitzen, die er auf uns richtete, so forderte er die Achäerfürsten zum Zweikampf heraus. Als Menelaos ihn sah, freute er sich wie ein hungriger Löwe, der auf den Leib eines Hirschen trifft und ihn auffrisst. Er dachte, nun sei der Augenblick gekommen, an dem Mann Rache zu nehmen, der ihm seine Gattin geraubt hatte. Und er sprang vom Wagen hinunter, die Waffen in der Faust. Paris sah ihn und erbebte in seinem Herzen. Er wich zurück in die Reihen der Seinen, um dem Tod zu entrinnen. Wie ein Mann, der eine Schlange sieht und einen Satz nach hinten macht, erbleicht, zittert und flieht. So sahen wir ihn ausreißen. Bis ihn Hektor aufhielt und anschrie: »Verfluchter Paris, Verführer, Lügner! Siehst du nicht, dass die Achäer über dich lachen? Sie hielten dich für einen Helden, nur weil sie sich von deiner Schönheit beeindrucken ließen. Aber jetzt wissen sie, dass du keinen Mut hast und keine Kraft in deinem Herzen ist. Ausgerechnet du, der als Gast des Menelaos im fremden Land dem Gastgeber die Frau wegnahm und mit der Wunderschönen nach Hause zurückkehrte. Aber das war ein kriegerisches Volk, Paris, und du brachtest das Verderben über deinen Vater, deine Stadt und dein ganzes Volk. Und jetzt willst du dich dem Menelaos nicht stellen? Schade, denn du würdest entdecken, was für einem Mann du die Gattin geraubt hast. Und würdest in den Staub fallen und merken, wie unnütz deine Leier, dein schönes Gesicht und deine Haare sind. Ach, wir Troer sind wirklich feige: Sonst wärst du längst unter einem Steinhaufen begraben, um für das Übel zu büßen, das du getan hast.«

Da erwiderte Paris: »Du hast recht, Hektor. Aber was für ein unbeugsames Herz hast du, wie eine Axt, die in das Holz eindringt ... Du wirfst mir meine Schönheit vor ... Aber auch du verachtest die Gaben der Götter nicht, die Talente, die sie dir gegeben haben: Können wir sie zurückweisen? Können wir sie uns etwa aussuchen? Hör mir zu: Wenn du willst, dass ich zum Zweikampf antrete, sollen alle Troer und alle Achäer sich hinsetzen, und ich und Menelaos sollen uns unter den Augen der zwei Heere um Helena schlagen. Wer siegt, bekommt die Frau und alle ihre Reichtümer. Und was euch angeht, Troer und Achäer, ihr werdet einen Friedenspakt schließen, und die Troer werden wieder im fruchtbaren Land von Troia leben, und die Achäer werden nach Argos zurückkehren, zu ihren Reichtümern und ihren schönen Frauen.«

Groß war Hektors Freude, als er diese Worte hörte. Er trat allein in die Mitte zwischen den zwei Heeren, und indem er die Lanze zum Himmel erhob, gab er den Troern das Zeichen innezuhalten. Und sie gehorchten ihm. Wir begannen sofort mit Pfeilen und Steinen nach ihm zu werfen, und da rief Agamemnon: »Haltet inne! Achäer, Hektor will mit uns sprechen!« Und da hörten auch wir auf. Es herrschte eine große Stille. Und in diese Stille hinein sprach Hektor zu den beiden Heeren: »Hört mir zu! Hört, was Paris sagt, der diesen Krieg entfesselt hat. Er will, dass ihr die Waffen niederlegt, und bittet darum, allein gegen Menelaos zu kämpfen, um zu entscheiden, wer Helena und ihre Reichtümer haben soll.«

Die Heere schweigen. Da hörte man die gewaltige Stimme des Menelaos. »Hört auch mich, denn ich bin der, der beleidigt wurde, und habe mehr als jeder andere mich für einen Schmerz zu rächen. Hört auf zu kämpfen, denn ihr habt nun schon zu viel gelitten durch diesen Krieg, den Paris entfesselt hat. Ich werde mit ihm kämpfen, und das Geschick wird entscheiden, wer von uns beiden sterben soll. Ihr sollt dann versuchen, einen Frieden zu schließen, so bald wie möglich. Die Achäer mögen ein Lamm holen, das sie dem Zeus opfern sollen. Und ihr, Troer, verschafft euch ein schwarzes und ein weißes Lamm, für die Erde und für die Sonne. Und lasst den großen König Priamos rufen, damit er es sei, der den Frieden bestätigt: Seine Söhne sind hochmütig und hinterhältig, aber er ist ein alter Mann, und die Alten können die Vergangenheit und die Zukunft zugleich betrachten und sie verstehen, was für alle besser ist. Er möge kommen und den Frieden besiegeln. Und niemand soll es wagen, die im Namen des Zeus geschlossenen Verträge zu brechen.«

Ich hörte seine Worte und sah die Freude der beiden Heere, die unvermutet vereint waren durch die Hoffnung, diesem unheilvollen Krieg ein Ende zu machen. Ich sah die Krieger von den Wagen heruntersteigen, die Waffen abnehmen und auf die Erde legen, die Wiese wurde mit Bronze bedeckt. *Noch nie hatte ich den Frieden so nahe gesehen. Da wandte ich mich um und suchte Nestor, den alten, weisen Nestor. Ich wollte ihm in die Augen schauen. Und in seinen Augen den Krieg sterben sehen und die Arroganz derer, die ihn wollen, und den Wahnsinn derer, die in ihm kämpfen.*

HELENA

Wie eine Sklavin war ich an jenem Tag still in meinen Gemächern, musste ein blutfarbenes Tuch weben mit den Taten der Troer und der Achäer in diesem schmerzreichen Krieg, der um mich gekämpft wurde. Auf einmal sah ich Laodike, die schönste unter den Töchtern des Priamos, hereinkommen und rufen: »Beeil dich, Helena, komm hinunter, die Troer und die Achäer … sie wollten gerade blutgierig aufeinander losgehen, und jetzt sitzen sie still einander gegenüber, die Schilde am Boden und die Lanzen in die Erde gerammt … Es heißt, sie haben den Krieg aufgegeben, und Paris und Menelaos werden um dich kämpfen: Du wirst der Preis des Siegers sein.«

Ich hörte sie an und musste plötzlich weinen, denn groß war in mir die Sehnsucht nach dem Mann, den ich geheiratet hatte, und nach meiner Familie und meiner Heimat. Ich bedeckte mich mit einem weiß schimmernden Schleier und eilte zu den Mauern, noch Tränen in den Augen. Als ich auf dem Turm der Skäischen Tore ankam, sah ich die Alten Troias dort versammelt, die hinunterblickten auf das, was in der Ebene geschah. Sie waren zu alt zum Kämpfen, aber sie redeten gern, und darin waren sie Meister. Wie Zikaden auf einem Baum, so ließen sie unaufhörlich ihre Stimmen vernehmen. Als sie mich erblickten, hörte ich, wie sie murmelten: »Kein Wunder, dass sich Troer und Achäer wegen dieser Frau umbringen, gleicht sie nicht einer Göttin? Die Schiffe mögen sie mitnehmen, sie und ihre Schönheit, sonst geht das Unheil nie zu Ende, nicht für uns und nicht für unsere Kinder.« So sagten sie, aber wagten nicht, mir in die Augen zu sehen. Der Einzige, der es tat, war Priamos. »Komm her, Tochter«, sagte er mit lauter Stimme zu mir. »Setz dich neben mich. Du bist nicht an alldem schuld. Es sind die Götter, die mir dieses Unheil geschickt haben. Komm her, von hier aus kann man deinen Mann, deine Verwandten und deine Freunde sehen ... und sag, wer ist der stattliche Mann, der edle große Krieger der Achäer? Andere sind größer als er, aber nie habe ich einen gesehen, der so schön, so majestätisch ist: Er sieht aus wie ein König.« Da trat ich neben ihn und erwiderte: »Ich ehre und fürchte dich, Priamos, Vater meines neuen Gemahls. Hätte ich nur den Mut gehabt zu sterben, anstatt deinem Sohn bis hierher zu folgen und mein Ehebett, meine Tochter, die noch ein Kind war, und meine geliebten Gefährtinnen zu verlassen ... Aber so war es nicht, und jetzt verzehre ich mich in Tränen. Doch du willst wissen, wer jener Krieger ist ... Es ist der Sohn des Atreus, Agamemnon, ein überaus mächtiger König und ein starker Krieger: Er war einst, wenn es jene Zeit je gegeben hat, der Schwager der unwürdigen Frau, die jetzt mit dir spricht.« Priamos schaute weiter hinunter zu den Kriegern. »Und der Mann dort«, fragte er mich, »wer ist das? Er ist kleiner als Agamemnon, aber er hat eine breitere Brust und breitere Schultern. Siehst du ihn? Er mustert die Reihen der Männer und gleicht einem Widder mit dichtem Fell, der in einer Herde weißer Schafe umhergeht.« »Das ist Odysseus«, erwiderte ich, »der Sohn des Laertes, in Ithaka, der steinigen Insel, aufgewachsen, berühmt für seine Schlauheit und seine Intelligenz.« »Stimmt«, sagte Priamos, »ich habe ihn kennengelernt, eines Tages ist er mit Menelaos als Botschafter hierhergekommen, um über dein Geschick zu diskutieren. Ich nahm sie in mein Haus auf. Ich erinnere mich, Menelaos sprach schnell, mit wenigen, doch klaren Worten. Er sprach gut, aber er war noch jung ... Odysseus dagegen ... als er an der Reihe war zu sprechen, rührte er sich nicht, schaute auf den Boden, als wüsste er nicht, was er sagen sollte; er schien vom Zorn übermannt oder vollkommen verrückt; als er aber schließlich sprach, drang aus ihm eine ganz tiefe Stimme, seine Worte waren wie Schneeflocken im Winter ... und kein Mann hätte es gewagt, ihn herauszufordern, meine Tochter, und es spielte keine Rolle, dass er kleiner war als Menelaos und als Agamemnon ...« Dann erblickte Priamos Ajax unter den Kriegern und fragte mich: »Und wer ist der dort, so groß und stark, dass er alle anderen Achäer übertrifft?« Und ich antwortete und erzählte ihm von Ajax, dann von Idomeneus und dann von allen anderen Fürsten der Achäer. Ich konnte sie jetzt alle wiedererkennen, die Achäer mit den funkelnden Augen, von allen nacheinander hätte ich dem Alten erzählen können, der von mir wissen wollte, wer seine Feinde waren. Aber da näherte sich der Herold Ideos dem Priamos und sagte: »Erhebe dich, Sohn Laomedons. Die Anführer der Teukrer, der Pferdebändiger, und der Achäer mit den bronzenen Rüstungen fordern dich auf, in die Ebene hinabzusteigen, um einen neuen Pakt zwischen den zwei Heeren zu sanktionieren. Paris und Menelaos werden mit ihren langen Lanzen um Helena kämpfen. Die anderen werden einen Pakt der Freundschaft und des Friedens besiegeln.« Priamus hörte ihm zu. Und er erschauderte. Aber dann befahl er, die Pferde zu schirren, und als es getan war, bestieg er den schnellen Wagen mit Antenor und fuhr in schnellem Galopp durch die Skäischen Tore hinaus. Sie durchquerten die Ebene, und als sie bei den Heeren angekommen waren, hielten sie genau in der Mitte zwischen Troern und Achäern an. Ich sah, dass sich Agamemnon erhob und mit ihm Odysseus. Die Herolde brachten die Tiere für die Opfer, mit denen der Pakt besiegelt werden sollte. Sie mischten den Wein in der großen Schale und gossen Wasser über die Hände der Könige. Dann erhob Agamemnon die Hände zum Himmel und betete zu Zeus im Namen von allen: »Vater Zeus, Allerhöchster und Glorreicher, und du, Sonne, die du alles siehst und alles hörst: Flüsse, Erde und ihr, die ihr unter der Erde die Verräter bestraft, seid unsere Zeugen und wacht über unseren Pakt: Wenn Paris Menelaos tötet, wird er Helena und alle ihre Güter behalten, und wir werden für immer mit unseren die Wellen pflügenden Schiffen von hier wegsegeln; tötet aber Menelaos Paris, werden uns die Troer Helena samt allen ihren Gütern zurückgeben und werden den Argivern einen so hohen Preis bezahlen, dass man ihn über Generationen hinweg nicht vergessen wird. Und wenn Priamos und seine Söhne nicht zahlen wollen, dann werde ich weiterkämpfen, bis dieser Krieg zu Ende ist.« So betete er und schlachtete mit sicherem Schlag die Lämmer und legte sie auf die Erde, während sie unter Zuckungen starben. Alle Fürsten tranken aus der großen Weinschale, und alle beteten zu ihren Göttern. Sie sagten zueinander: »Wenn je einer den Pakt zu verletzen wagt, möge Zeus sein Gehirn und das seiner Söhne zersetzen, wie wir diesen Wein verschütten!« Als alles vollbracht war, stieg Priamos, der alte König und Vater, auf den Wagen an die Seite Antenors und sprach zu den Troern und zu den Achäern: »Lasst mich in meine Stadt zurückfahren, in der die Winde wehen. Denn ich habe nicht den Mut, zuzusehen, wie sich mein Sohn Paris hier mit dem furchtbaren Menelaos schlägt.« Er trieb selbst die Pferde an und fuhr davon.

Dann folgte der Zweikampf. Hektor und Odysseus zeichneten auf die Erde den Platz, auf dem die beiden Kämpfer sich schlagen sollten. Nachdem sie die Lose in einen Helm gelegt und geschüttelt hatten, zog Odysseus, ohne hinzusehen, den Namen dessen heraus, der das Recht haben würde, als Erster die todbringende Lanze zu schleudern. Und die Wahl des Schicksals fiel auf Paris. Die Krieger setzten sich ringsum. Ich sah Paris, meinen neuen Gemahl, die Waffen anlegen: zuerst die schönen Beinschienen, mit silbernen Spangen zugeschnallt; dann die Brustrüstung; und den silberbeschlagenen Bronzespeer und den großen, schweren Schild. Auf das Haupt setzte er sich den strahlenden Helm: Die lange Mähne wehte furchterregend im Wind. Zuletzt nahm er die Lanze und hielt sie fest in der Faust. Ihm gegenüber legte Menelaos, mein alter Gemahl, noch seine letzten Waffen an. Unter den Augen der beiden Heere gingen sie wilden Blickes aufeinander zu. Dann blieben sie stehen. Und der Zweikampf begann. Ich sah, wie Paris seine lange Lanze schleuderte. Mit Gewalt drang sie in den Schild des Menelaos, die Bronze aber ging nicht entzwei, und die Lanze brach ab und fiel auf die Erde. Da erhob Menelaos seinerseits die Lanze und schleuderte sie mit seiner Riesenkraft gegen Paris. Er traf den Schild voll, die tödliche Spitze riss ihn auf und drang ein in die Rüstung, Paris wurde an der Hüfte gestreift. Menelaos zog das Schwert aus der Scheide und sprang auf ihn. Er schlug ihn mit Gewalt auf den Helm, aber das Schwert zerbrach. Er fluchte gegen die Götter, und dann war er mit einem Satz bei Paris, packte ihn am Kopf und drückte den strahlenden, mit einem Busch verzierten Helm mit seinen Händen zusammen. Und so begann er ihn wegzuschleifen, zu den Achäern hin. Paris lag im Staub, und er schleifte ihn weg, dessen Helm in einer tödlichen Zange. Bis der Ledergurt, der den Helm unter dem Kinn festhielt, abriss und Menelaos den Helm in der Hand hielt, aber er war leer. Er hob ihn zum Himmel hoch, ließ ihn durch die Luft kreisen und warf ihn unter die Krieger. Als er sich aufs neue Paris zuwandte, um ihn zu töten, merkte er, dass dieser davongelaufen war, verschwunden in den Reihen der Troer.

Genau in dem Augenblick berührte jene Frau meinen Schleier und redete zu mir. Es war eine alte Spinnerin, die mit mir aus Sparta gekommen war und mir dort herrliche Kleider nähte. Sie mochte mich gern, und ich *hatte Angst vor ihr.* An jenem Tag näherte sie sich mir auf dem Turm der Skäischen Tore und sagte leise zu mir: »Komm, Paris wartet auf dich in seinem Bett, er hat seine schönsten Gewänder angezogen, und er scheint nicht von einem Zweikampf zu kommen, sondern eher von einem Fest.« Ich erstarrte. »Unglückselige«, sagte ich zu ihr, »warum willst du mich versuchen? Du wärest imstande, mich ans Ende der Welt zu bringen, wenn dort ein Mann wäre, der dir teuer ist. Jetzt, weil Menelaos den Paris geschlagen hat und mich nach Hause bringen will, kommst du zu mir und sinnst auf Betrug … Geh doch selber zu Paris, warum heiratest du ihn nicht oder wirst vielleicht seine Sklavin? Ich gehe nicht zu ihm, das wäre unter meiner Würde. Alle Frauen Troias würden sich für mich schämen. Lass mich hier mit meinem Schmerz.« Da sah mich die alte Frau voller Wut an. »Gib acht«, sagte sie, »ärgere mich nicht. Ich könnte dich hier im Stich lassen, weißt du, und überall Hass säen, bis du eines schlimmen Todes stirbst.« *Sie machte mir Angst, ich habe es schon gesagt. Die Alten machen oft Angst.* Ich zog mir den weiß schimmernden Schleier enger um den Kopf und folgte ihr. Alle schauten hinunter auf die Ebene. Niemand sah mich. Ich ging in die Gemächer des Paris und fand ihn dort. Eine Frau, die ihn liebte, hatte ihn durch eine geheime Tür in die Stadt eingelassen und hatte ihn gerettet. Die Alte nahm einen Schemel und stellte ihn direkt vor ihn. Dann sagte sie, ich solle mich daraufsetzen. Ich tat es. Ich konnte ihm nicht in die Augen schauen. Aber ich sagte: »Du hast dich also von der Schlacht weggeschlichen. Ich wollte, du wärest dort gestorben, getötet von dem herrlichen Krieger, der mein erster Mann war. Du hast dich doch immer gerühmt, du seiest stärker als er ... Du müsstest eigentlich in die Ebene zurück und ihn noch einmal herausfordern, aber du weißt genau, das wäre dein Ende.« Und ich weiß noch, dass Paris mich dann bat, ich solle ihn mit meinen grausamen Beleidigungen nicht verletzen. Er sagte, Menelaos habe an diesem Tag gesiegt, weil die Götter auf seiner Seite gewesen seien, aber das nächste Mal werde vielleicht er siegen, denn auch er habe Freunde unter den Göttern. Und dann sagte er: Komm her, lieben wir uns. Er fragte mich, ob ich mich noch an das erste Mal erinnern könne, als wir uns auf der Insel Krane liebten, genau einen Tag nachdem er mich entführt hatte. Und er sagte: Nicht einmal an dem Tag wollte ich dich so sehr, wie ich dich jetzt will. Dann stand er auf und ging zum Bett. Und ich folgte ihm.

Er war der Mann, den unten in der Ebene gerade alle suchten. Der Mann, den an dem Tag keiner, weder Achäer noch Troer, verteidigt oder versteckt hätte. Er war der Mann, den alle hassten, wie man die schwarze Göttin des Todes hasst.

PANDAROS, AENEAS

PANDAROS

Mein Name ist Pandaros. Meine Heimatstadt Zeleia. Als ich auszog, um Troia zu verteidigen, sagte mein Vater Lykaon zu mir: »Nimm Wagen und Pferde, um unser Volk in der Schlacht anzuführen.« Wir hatten in unserem wunderbaren Palast elf neue, schöne Wagen, und für jeden Wagen zwei mit Gerste und Spelt genährte Pferde. Aber ich nahm sie nicht, ich hörte nicht auf meinen Vater und zog nur mit Pfeil und Bogen in den Krieg. Die Wagen waren zu schön, um in einer Schlacht zu enden. Und die Tiere, das wusste ich, hätten nur Hunger und Mühen ausstehen müssen. So hatte ich nicht den Mut, sie mitzunehmen. Ich zog aus mit Pfeil und Bogen. Könnte ich jetzt noch einmal von vorn anfangen, würde ich diesen Bogen in Stücke brechen und ins Feuer werfen, damit er verbrennt. Vergeblich habe ich ihn mitgenommen, und traurig war mein Geschick.

Paris war gerade im Nichts verschwunden, und die Heere sahen einander stumm an, um herauszufinden, was sie tun sollten. War der Zweikampf zu Ende? Hatte Menelaos gesiegt, oder würde Paris zum Kampf zurückkehren? In dem Augenblick trat Laodokos, der Sohn Antenors, an meine Seite und sagte: »He, Pandaros. Warum nimmst du nicht einen deiner Pfeile und schießt ihn jetzt hinterrücks auf Menelaos? Er steht wehrlos da. Du könntest ihn töten, du bist fähig dazu. Du würdest der Held aller Troer, und Paris, glaube ich, würde dich mit Gold überschütten. Stell dir das mal vor!« Ich stellte es mir vor. *Ich stellte mir vor, wie mein Pfeil flog und traf. Und ich sah, dass der Krieg zu Ende war. Das ist eine Frage, über die du tausend Jahre nachdenken könntest und nie eine Antwort finden würdest: Ist es erlaubt, etwas Niederträchtiges zu tun, wenn man dadurch einen Krieg aufhalten kann? Ist der Verrat verzeihlich, wenn man ihn für eine gerechte Sache begeht? Dort mitten unter meinen bewaffneten Leuten hatte ich nicht einmal die Zeit nachzudenken. Der Ruhm zog mich an. Und die Vorstellung, mit einer einzigen präzisen Geste den Lauf der Geschichte zu ändern.* So ergriff ich meinen Bogen. Er war aus den Hörnern eines Steinbocks gemacht, ich hatte das Tier selbst gejagt: Ich hatte es erlegt, mit einem Schlag unter dem Brustbein, als es von einem Felsen sprang, und aus seinen Hörnern, die sechzehn Hände breit waren, hatte ich mir meinen Bogen anfertigen lassen. Ich legte ihn auf die Erde, um die Saite aus Ochsensehne an dem goldenen Ring festzuhaken, der an einem Ende befestigt war. Meine Gefährten, die um mich waren, hatten wohl verstanden, was ich im Sinn hatte, denn sie erhoben die Schilde, um mich zu verbergen und zu beschützen. Ich öffnete den Köcher und nahm einen neuen, schnellen Pfeil heraus. Einen Augenblick betete ich zu Apoll, der uns Bogenschützen beschützt. Dann steckte ich den Pfeil in die Saite aus Ochsensehne und zog sie beide, bis mir die rechte Hand zur Brust reichte und die Pfeilspitze auf dem Bogen stehenblieb. Mit aller Kraft bog ich das Horn des Steinbocks und spannte die Ochsensehne, bis sie einen Kreis bildeten.

Dann schoss ich.

Die Saite zischte, und der Pfeil mit der scharfen Spitze flog hoch über die Krieger und schnell. Er traf Menelaos genau da, wo die Rüstung von den goldenen Spangen am Gürtel festgehalten wurde. Die Spitze durchdrang die Verzierungen, durchschnitt das Lederstück, das den Bauch schützt, und gelangte schließlich in das Fleisch des Menelaos. Aus seinen Oberschenkeln floss Blut die Beine hinunter bis zu den schönen Knöcheln. Menelaos erschauderte, als er das schwarze Blut sah, und ebenso sein Bruder Agamemnon, der sofort zu ihm eilte. Er nahm ihn an der Hand und fing an zu weinen. »Mein Bruder«, sagte er, »habe ich dich vielleicht in den Tod geschickt, da ich mit den Troern einen törichten Pakt geschlossen und da ich dich wehrlos und allein unter unseren Augen mit den Troern kämpfen ließ? Jetzt haben die Troer dich getroffen, sich über unseren Pakt hinwegsetzend, trotz des abgelegten Eids.« So weinte Agamemnon. Er sagte: »Menelaos, wenn du stirbst, werde ich vor Schmerz vergehen. Kein Achäer wird hier bleiben, wir werden dem Priamos deine Gemahlin Helena überlassen, und ich muss mit Schande bedeckt nach Argos zurückkehren. Deine Gebeine werden hier vor den Mauern Troias verfaulen, und die hochmütigen Troer werden sie mit Füßen treten und sagen: ›Wo ist Agamemnon, der große Held, der das Heer der Achäer bis hierher geführt hat, um dann mit leeren Schiffen heimwärts zu fahren, während er seinen Bruder hier auf dem Feld liegen ließ ...‹ Menelaos, bitte, stirb nicht! Wenn du stirbst, wird sich die Erde vor mir abgrundtief auftun.«

»Hab keine Angst, Agamemnon«, sagte da Menelaos, »und erschrecke die Achäer nicht. Du siehst, die Pfeilspitze steckt nicht ganz im Fleisch, ein Stück ragt noch heraus. Zuerst die Rüstung, dann der Gürtel haben sie gebremst. Es ist nur eine Wunde ...«

»Oh, wenn es nur wahr wäre«, sagte Agamemnon. Dann befahl er Machaon, den Sohn des Asklepios, zu rufen, der als

Arzt berühmt war. Die Herolde fanden ihn mitten im Heer bei den Seinen, und sie brachten ihn dorthin, wo der blonde Menelaos verwundet lag. Ringsum waren die besten Krieger der Achäer. Machaon beugte sich über Menelaos. Er riss den Pfeil aus dem Fleisch, untersuchte die Wunde. Dann saugte er das Blut heraus und legte geschickt die milden Heilkräuter auf, die der Kentaur Chiron einst mit freundschaftlichem Geist seinem Vater geschenkt hatte.

Sie standen alle noch um Menelaos, als wir Troer vorzurücken begannen. Wir hatten die Waffen wieder ergriffen und nur den einzigen Wunsch im Herzen: zu kämpfen. Da hörten wir, wie Agamemnon den Seinen zurief: »Argiver, fasst wieder Mut und Kraft. Zeus hilft den Verrätern nicht; die den Pakt verletzt haben, wie ihr gesehen habt, werden zuletzt von Geiern verzehrt werden; während wir auf unseren Schiffen ihre Frauen und Kinder mitnehmen werden, nachdem wir ihre Stadt erobert haben.« Das war nicht mehr der zögernde und zweifelnde Agamemnon, den wir kannten. Das war ein Mann, der den Ruhm der Schlacht wollte.

Wir rückten schreiend vor. Wir kamen aus verschiedenen Ländern und verschiedenen Völkern, und jeder schrie in seiner Sprache. Wir waren eine Tierherde mit tausend verschiedenen Stimmen. Die Achäer aber rückten schweigend voran, man hörte nur die Stimmen der Anführer, die Befehle erteilten, und es war unglaublich zu sehen, wie alle anderen furchtsam und schweigend gehorchten. Sie kamen auf uns zu wie Wellen an die Felsklippen, ihre Waffen glänzten wie Meeresschaum, der auf dem Wellenkamm spritzt.

Als die beiden Heere zusammenstießen, gab es gewaltiges Krachen von Schilden und Lanzen und Raserei der Bewaffneten in ihren Bronzerüstungen. Die gewölbten Lederschilde prallten aufeinander, und zugleich erhoben sich Freudens-

und Schmerzensschreie von Lebenden und Sterbenden, ein ungeheures Gedröhn hallte wider und Blut strömte über die Erde.

AENEAS

Der Erste, der einen tötete, war Antilochos. Er schleuderte seine Lanze gegen Echepolos und traf ihn mitten auf die Stirn: Die bronzene Spitze durchdrang den Schädelknochen unter dem mit einem Busch verzierten Helm. Echepolos fiel wie ein Turm mitten im brutalen Gefecht. Da ergriff ihn Elephenor, der Anführer der hochgemuten Abanten, bei den Füßen und versuchte ihn aus dem Gemenge zu schleifen, um ihm möglichst schnell die Waffen herunterzureißen. Aber als er den Leichnam zog, schien ihm die Hüfte hervor, und genau da, wo ihn der Schild nicht deckte, traf ihn Agenor. Die bronzene Lanze drang ein in sein Fleisch und nahm ihm seine ganze Kraft. Auf seiner Leiche entfesselte sich zwischen Troern und Achäern ein entsetzlicher Kampf; wie Wölfe, die einander anspringen und sich wegen der Beute umbringen.

Ajax, der Sohn des Telamon, traf Simoeisios, den jungen Sohn des Anthemion, er traf ihn rechts auf die Brust; die bronzene Lanze durchbohrte die ganze Schulter von vorne bis nach hinten; der Held fiel in den Staub zu Boden wie ein abgeschnittener Zweig, den man am Flussufer liegen und verdorren lässt. Ajax nahm ihm gerade die Waffen, als Aniphos, ein Sohn des Priamos, ihn sah und aus der Ferne die Lanze auf ihn schleuderte. Er verfehlte Ajax, aber er traf durch Zufall Leukos, einen der Gefährten des Odysseus. Der schleifte einen Leichnam beiseite, als die bronzene Spitze seinen Bauch durchbohrte. Er fiel tot auf den Toten, den er an den Armen festhielt. Odysseus sah ihn fallen, und der Zorn ließ sein Herz anschwellen. Er rückte in die ersten Reihen vor und blickte um sich, als würde er eine Beute suchen; die Troer, die vor ihm standen, wichen zurück. Er erhob seine Lanze und schleuderte sie in die Luft, gewaltig und schnell. Er traf Demodokoon, einen unehelichen Sohn des Priamus. Die bronzene Spitze drang in seine Schläfe und durchbohrte den Schädel von der einen Seite zur anderen. Seine Augen verdunkelten sich, und der Held stürzte zur Erde: Und die Rüstung dröhnte an seinem Leib.

Da warf sich Peiroos, der Führer der Thraker, auf Diores, den Sohn des Amarynkeus. Mit einem spitzen Stein traf er ihn am linken Bein nahe bei der Ferse und zerschmetterte ihm Sehnen und Knochen. Diores fiel zu Boden. Er glaubte zu sterben, und so breitete er die Arme aus nach seinen Gefährten. Aber da kam Peiroos und öffnete ihm mit der Lanze den Bauch: Seine Eingeweide ergossen sich auf die Erde, und Finsternis legte sich über seine Augen.

Und auf Peiroos stürzte sich Thoas und traf ihn mit der Lanze in die Brust und durchbohrte ihm die Lunge. Dann zog er die Lanze aus seinem Fleisch, nahm das scharfe Schwert, schlitzte ihm den Bauch auf und nahm ihm das Leben.

Allmählich begann sich die Schlacht zu Gunsten der Achäer zu wenden. Ihre Fürsten forderten einen nach dem anderen die Unseren heraus, und jedes Mal siegten sie. Als Erster Agamemnon, der Herr der Völker, er warf den großen Odios, den Führer der Halizonen, vom Wagen. Und während er davonzulaufen suchte, durchbohrte er ihm den Rücken mit einem Lanzenstich. Der Held fiel krachend, und die Rüstung dröhnte an seinem Leib.

Idomeneus tötete Phaistos, den Sohn des Maioniers Boros, der aus dem fruchtbaren Land Tarne gekommen war. Er traf ihn an der rechten Schulter, während er auf den Wagen steigen wollte. Er fiel rückwärts zu Boden, der Held, und Finsternis umgab ihn.

Menelaos, der Sohn des Atreus, traf mit der Lanze Skamandrios, den Sohn des Strophios. Der war ein ausgezeichneter Jäger, es war, als hätte Artemis selbst ihn gelehrt, die wilden Tiere zu erlegen, die im Wald und auf den Bergen leben. Aber an dem Tag half ihm kein Gott, und auch seine tödlichen Pfeile nützten ihm nichts. Menelaos, der mit der glorreichen Lanze, sah ihn davonlaufen und traf ihn zwischen den Schultern und stach ihn durch die Brust. Der Held fiel vornüber, und die Rüstung dröhnte an seinem Leib.

Meriones erschlug Phereklos, der die vollkommenen Schiffe des Paris, die am Anfang des ganzen Unheils standen, gebaut hatte. Er wusste mit seinen Händen vollkommene Dinge zu fertigen. Aber Meriones verfolgte ihn und traf ihn auf die rechte Hinterbacke, die Lanzenspitze bohrte sich unter dem Knochen ganz durch und schlitzte ihm die Blase auf. Der Held fiel mit einem Schrei auf die Knie, und der Tod umhüllte ihn.

Meges tötete den Pedaios, den Bastard Antenors, den die Mutter aufgezogen hatte wie einen eigenen Sohn, ihrem Gemahl zum Gefallen. Meges traf ihn am Kopf, im Nacken. Die Lanze durchbohrte ihm den Schädel und schnitt ihm die Zunge entzwei. Der Held fiel in den Staub, mit den Zähnen auf die eisige Bronze beißend.

Eurypylos tötete Hypsenor, einen Priester des Skamandros, vom ganzen Volk verehrt wie ein Gott; er verfolgte ihn, der zu fliehen versuchte, und als er ihn eingeholt hatte, schlug er ihn mit dem Schwert auf die Schulter und hieb ihm den Arm ab. Zu Boden fiel der blutüberströmte Arm, und auf die Augen des Helden senkten sich der düstere Tod und ein unerbittliches Geschick.

PANDAROS

Wir flohen, und fliehend fanden wir den Tod. Das Schlimmste kam, als Diomedes, der Sohn des Tydeus, mitten im Gefecht erschien. Diomedes, ein tapferer Fürst der Achäer: Die Rüstung funkelte auf seinen Schultern und seinem Kopf, er leuchtete, wie das Herbstgestirn leuchtet, wenn es aus dem Meer aufsteigt. Er war vom Wagen gestiegen und wütete in der Ebene wie ein Fluss, der, durch den Regen angeschwollen, über die Ufer tritt. Es war auch nicht klar, ob er unter den Achäern war oder unter uns Troern: Er war ein Fluss, der die Dämme gebrochen hat und dahinrast, alles zerstörend, was um ihn ist. Nichts schien ihn aufhalten zu können; ich sah ihn kämpfen, und es war, als hätte ein Gott beschlossen, an seiner Seite zu kämpfen. Da nahm ich noch einmal meinen Bogen. Ich spannte die Ochsensehne mit allen meinen Kräften und schoss ab. Ich traf ihn an der rechten Schulter auf der Platte der Rüstung. Der Pfeil bohrte sich ins Fleisch und drang bis zur anderen Seite durch. Seine Rüstung färbte sich mit Blut. Ich schrie: »Greift an, Troer, Diomedes ist verwundet, ich habe ihn getroffen!« Aber ich sah, dass er sich nicht krümmte und nicht fiel. Er ließ sich von einem Gefährten den Pfeil aus der Schulter ziehen: Das Blut spritzte auf die Rüstung und ringsum. Und dann sah ich ihn ins Gefecht zurückkehren, um mich zu suchen, wie ein Löwe, der mit einer Wunde nicht stirbt, sondern seine Wut verdreifacht. Er stürzte sich auf die Troer wie auf eine Herde erschreckter Schafe. Ich sah, wie er Astinoos und Hypeiron tötete: Den Ersten traf er auf der Brust mit der Lanze, dem Zweiten hieb er mit dem Schwert einen Arm ab. Er blieb gar nicht stehen, um ihre Waffen zu nehmen, und verfolgte Abas und Polyidos. Das waren die zwei Söhne des Eurydamas, eines Alten, der sich aufs Träumedeuten verstand, aber die Träume seiner Söhne an dem Tag, als sie auszogen, hatte er nicht auszulegen gewusst, und Diomedes tötete sie beide. Ich sah, wie er auf Xantos und Thoon losrannte, die einzigen Söhne des alten Phainops. Diomedes nahm sie ihm und ließ ihn allein mit seinen Tränen und seiner Trauer. Ich sah, wie er Echemmon und Chromios, Söhne des Priamos, niederschlug. Er sprang auf ihren Wagen, wie die Löwen über die Stiere herfallen, um ihnen das Genick zu brechen, und tötete sie.

In dem Moment kam Aeneas zu mir. »Pandaros«, sagte er, »wo ist dein Bogen geblieben und deine geflügelten Pfeile und dein Ruhm? Hast du den Mann gesehen, der im Gewühl wütet und alle unsere Helden tötet? Vielleicht ist es ein Gott, der uns zürnt. Nimm einen Pfeil und triff ihn, wie nur du es verstehst.« »Ich weiß nicht, ob er ein Gott ist«, erwiderte ich; »aber diesen Helm mit der Mähne, den Schild und die Pferde, die kenne ich, sie gehören Diomedes, dem Sohn des Tydeus. Ich habe schon einen Pfeil auf ihn geschossen, aber ich habe ihn an der Schulter getroffen und er kehrte zurück in den Kampf. Ich glaubte, ich hätte ihn umgebracht, aber ... Dieser mein verfluchter Bogen lässt das Blut der Achäer fließen, tötet sie aber nicht. Und ich habe weder Pferde noch Wagen, um von da aus zu kämpfen.« Da sagte Aeneas zu mir: »Kämpfen wir zusammen, steig auf meinen Wagen, halte die Zügel und die Peitsche und bring mich in der Nähe von Diomedes: Dann steige ich vom Wagen und kämpfe mit ihm.« »Halte du die Zügel«, antwortete ich ihm, »sollten wir gezwungen sein zu fliehen, dann bringen uns die Pferde schneller weg, und deine Stimme wird sie lenken. Führe du den Wagen und überlass es mir und meiner Lanze, zu kämpfen.« So stiegen wir auf den funkelnden Wagen und ließen wutentbrannt die Pferde gegen Diomedes losrennen. Es waren die besten Pferde, die man je unter der Sonne gesehen hat: Sie kamen aus einem Geschlecht, das Zeus selbst geschaffen hatte, um es dem Tros zum Geschenk zu machen. In der Schlacht verbreiteten sie Schrecken. Aber Diomedes erschrak nicht. Er sah uns kommen und lief nicht davon. Als wir vor ihm waren, schrie ich: »Diomedes, Sohn des Tydeus, mein schneller Pfeil, die bittere Spitze hat dich nicht gebeugt. Dann wird dich meine Lanze beugen.« Und ich warf. Ich sah, wie die Spitze seinen Schild durchbohrte und seinen Panzer traf. Da schrie ich noch einmal: »Ich habe gesiegt, Diomedes, ich habe dich in den Bauch getroffen, durch und durch.« Aber er sagte furchtlos: »Du glaubst, du hättest mich getroffen, aber du hast dein Ziel verfehlt. Jetzt kommst du nicht mehr lebendig von hier weg.« Er erhob seine Lanze und schleuderte sie. Die bronzene Spitze drang neben dem Auge ein, ging durch die weißen Zähne, schnitt ganz hinten die Zunge ab und kam beim Hals wieder heraus. Und ich fiel vom Wagen – ich, der Held –, und meine funkelnden, glänzenden Waffen dröhnten. Das Letzte, an das ich mich erinnere, sind die schnellen, furchtbaren Pferde, die nervös auf die Seite springen. Dann verließen mich die Kräfte und mit ihnen das Leben.

AENEAS

Die bronzene Spitze drang neben dem Auge ein, ging durch die weißen Zähne, schnitt ganz hinten die Zunge ab und kam beim Hals wieder heraus. Es fiel Pandaros, der Held, und an seinem Leib dröhnte seine funkelnde, glänzende Rüstung. Die Kräfte verließen ihn und mit ihnen das Leben. Ich wusste, dass ich ihn von dort wegbringen musste, dass die Achäer seinen Leichnam und seine Waffen nicht nehmen durften. So sprang ich vom Wagen und stellte mich neben ihn, und während ich die Lanze und den Schild aufhob, schrie ich gegen alle, die sich näherten. Da stand Diomedes vor mir. Er tat etwas Unglaubliches. Er hob einen Stein auf, den zwei Männer, ich schwöre es, nicht hätten aufheben können. Doch er tat es, er hob ihn über seinen Kopf und warf ihn auf mich. Er traf mich an der Hüfte, wo der Schenkel sich wölbt. Der scharfe Stein riss mir die Haut auf und zerriss mir die Sehnen. Ich fiel auf die Knie, stützte mich mit einer Hand auf der Erde, ich spürte eine dunkle Nacht über meine Augen kommen *und entdeckte auf einmal, was mein Geschick sein würde: Niemals sterben.* Ich spürte, dass Diomedes über mich herfiel, um mich zu töten und mir die Waffen zu entreißen, dreimal spürte ich, wie er kam, und ich war immer noch am Leben. Um mich herum kämpften meine Gefährten, die ihm zuschrien: »Diomedes, hältst du dich denn für einen unsterblichen Gott?« Ich hörte Akamantes, den Anführer der Thraker, brüllen: »Söhne des Priamos, seht ihr nicht, dass Aeneas euch braucht? Wie lange lasst ihr noch zu, dass die Achäer eure Männer töten? Lasst ihr euch von ihnen bis an die Mauern der Stadt drängen?« Und während mich jemand nach hinten schleifte, hörte ich die Stimme Sarpedons, des Anführers der Lykier, der schrie: »Hektor, wo ist dein Mut geblieben? Du sagtest, du würdest deine Stadt retten ohne die Hilfe von Verbündeten, du allein, du und deine Brüder. Aber ich sehe keinen von euch hier kämpfen, ihr seid zusammengeduckt wie Hunde rings um einen Löwen. Und wir, eure Verbündeten, müssen die Schlacht führen. Schau mich an, ich komme von weit her, ich habe hier nichts, was mir die Achäer wegnehmen und forttragen könnten, und trotzdem fordere ich meine Soldaten auf, Aeneas zu verteidigen und gegen Diomedes zu kämpfen. Du aber bewegst dich nicht und befiehlst deinen Männern nicht, Widerstand zu leisten. Ihr werdet am Ende eine Beute der Feinde werden, ihr und eure Stadt.« Als ich die Augen wieder aufmachte, sah ich Hektor vom Wagen springen, die Waffen schwingen und die Seinen zur Schlacht rufen. Sarpedons Worte waren ihm tief ins Herz gedrungen. Er war es nun, der die grausame Schlacht aufs neue entzündete. Endlich stürzten sich die Troer auf die Achäer. Diese erwarteten sie, weiß vom Staub, den die Hufe der Pferde gen Himmel aufwirbelten, sie standen still wie die Wolken, die Zeus an einem heiteren Tag über den Gipfeln des Gebirges versammelt.

Ich bin Aeneas, und ich kann nicht sterben. Deshalb war ich in der Schlacht. Verwundet, aber nicht tot. Gerettet vom Saum des leuchtenden Gewandes eines Gottes, der meinen Feinden verborgen blieb, und dann aufs neue mitten in die Schlacht gestellt vor Kreton und Orsilochos, tapfere Krieger, die in der Blüte ihrer Jahre den Achäern auf ihre schwarzen Schiffe folgten, Menelaos und Agamemnon zu Ehren. Ich tötete sie mit meiner Lanze, und sie fielen um wie hohe Tannen. Fallen sah sie Menelaos, und sie taten ihm leid. In funkelnde Bronze gekleidet, rückte er gegen mich vor, seine Lanze schwingend. Es kam auch Antilochos, zu seiner Unterstützung. Als ich sie zusammen sah, wich ich zurück. Sie erreichten die Leichen des Kreton und des Orsilochos, legten sie in die Arme ihrer Gefährten und warfen sich dann erneut ins Gefecht. Ich sah, wie sie Pylaimenes angriffen. Er kämpfte vom Wagen aus, während sein Wagenlenker Mydon die Pferde lenkte. Menelaos erstach ihn mit der Lanze. Mydon versuchte, sich mit dem Wagen zu entfernen, aber Antilochos traf ihn mit einem Stein am Ellbogen, und die weißen, mit Elfenbein verzierten Zügel entglitten seinen Händen und fielen in den Staub. Antilochos machte einen Satz und traf ihn mit dem Schwert auf die Schläfe. Mydon fiel vom Wagen, die Pferde schleuderten ihn auf die Erde. Da kam Hektor mit allen Troern im Gefolge. Die Achäer sahen ihn kommen und wichen erschrocken zurück. Hektor tötete Menesthes und Anchialos, doch konnte er nicht ihre Leichen wegschleppen. Und Ajax tötete Amphios, aber er konnte ihm die Waffen nicht entreißen. Einander gegenüber standen sich Sarpedon, der Anführer der Lykier, und Tlepolemos, ein edler, großer Sohn des Herakles. Ihre Lanzen flogen gleichzeitig los. Tlepolemos wurde mitten in den Hals getroffen, die bittere Spitze bohrte sich ganz durch, und über die Augen des Helden senkte sich die dunkle Nacht. Und Sarpedon wurde an einem Schenkel getroffen, die gierige bronzene Spitze drang bis in den Knochen vor. Die Gefährten nahmen ihn, ohne die Lanze aus dem Fleisch zu ziehen, schwer wog die lange Lanze, doch sie trugen ihn so fort. Als Odysseus sah, wie sein Gefährte Tlepolemos starb, stürzte er los, um Sarpedon den Todesstoß zu geben. Er tötete Koiranos, Alastor, Chromios, Alkandros, Halios, Noemon und Prytanis. Er hätte so weitergemacht, wenn er nicht plötzlich Hektor gesehen hätte, in funkelnde Bronze gekleidet, ein furchtbarer Anblick. »Hektor«, schrie Sarpedon verwundet am Boden, »lass mich nicht in den Händen der Achäer, rette mich, lass mich in deiner Stadt sterben, wenn ich schon sterben soll.« Hektor sagte nichts, ging weiter und versuchte die Feinde von ihm fernzuhalten. Als ihn die Achäer sahen, wichen sie zurück, sie ergriffen zwar nicht die Flucht, kämpften aber nicht mehr weiter. Und Hektor schritt vorwärts und tötete Teutras und Orestes, Trechos und Oinomaos, Helenos und Oresbios. »Welche Schande, Achäer!«, schrie da Diomedes. »Als der glorreiche Achill am Krieg teilnahm, da wagten es die Troer nicht einmal, aus ihrer Stadt herauszukommen, aus

Schrecken vor ihm; und jetzt lasst ihr sie im Kampf bis zu euren Schiffen herankommen!« So schrie er. Und die Schlacht breitete sich überall aus in der ganzen Ebene. Die Krieger zielten aufeinander mit ihren bronzenen Lanzen, überall zwischen den Wassern des Xantos und des Simoeis. Ajax warf sich als Erster nach vorn, um die Reihen der Troer aufzubrechen. Er traf Akamas, den tapfersten unter den Stämmen Thrakiens, die Lanzenspitze bohrte sich in seine Stirn und drang ein in den Knochen: Finsternis legte sich über seine Augen.

Diomedes, der Stimmgewaltige, tötete Axylos, den Sohn des Teuthras, der reich war und von den Menschen geliebt wurde. In sein Haus, das an der Straße lag, nahm er alle auf, aber niemand kam an dem Tag, ihn vor dem bitteren Tod zu schützen. Diomedes nahm ihm und seinem Schildträger das Leben: Beide kamen unter die Erde.

Euryalos tötete Aisepos und Pedasos, die Zwillinge des Bukolion. Beiden zerbrach er das Leben und die Kraft des schönen Körpers; die Waffen nahm er ihnen von den Schultern.

Polypoites tötete den Astyalos, Odysseus tötete den Pidytes, Teukros tötete den Aretaon, Eurypylos tötete den Melanthios, Antilochos tötete den Ableros, Agamemnon, der Herr der Völker, tötete den Elatos.

Ich sah die Troer verzweifelt zurücklaufen, zu ihrer Stadt. Ich erinnere mich an Adrastos, seine Pferde scheuten vor Angst und strauchelten über einen Tamariskenbusch, er wurde auf die Erde geschleudert, und schon stürzte sich Menelaos auf ihn. Adrastos umfasste seine Knie und flehte ihn an: »Bring mich nicht um, Menelaos, mein Vater bezahlt jeglichen Preis für mein Leben: schön gearbeitetes Gold, Eisen, Bronze, was du willst.« Menelaos ließ sich überreden und wollte ihn schon einem seiner Schildträger übergeben, der ihn als Gefangenen zum Schiff bringen sollte, als Agamemnon angelaufen kam und schrie: »Menelaos, du Schwächling, was kümmerst du dich um diese Leute? Weißt du nicht mehr, was die Troer bei dir zu Hause angerichtet haben? Keiner von ihnen darf unseren Händen, dem Abgrund des Todes entkommen, keiner, auch nicht, wer noch im Mutterleib verborgen ist, keiner darf entkommen, alle müssen zusammen mit Troia zugrunde gehen, ohne Grab und namenlos.« Adrastos lag noch voll Schrecken auf der Erde. Menelaos stieß ihn weg, und Agamemnon stieß ihm die Lanze in die Seite und tötete ihn. Dann stellte er den Fuß auf seine Brust und zog mit einem kräftigen Ruck die Lanzenspitze aus seinem Fleisch.

Die Achäer waren uns auf den Fersen, und wir flohen. Wir standen schon vor den Mauern Troias, als Helenos, einer der Söhne des Priamos, auf mich und Hektor zukam und sagte: »Wir müssen die Männer aufhalten, bevor sie in die Stadt fliehen und sich zum Gespött der Feinde in die Arme ihrer Frauen flüchten. Aeneas, bleiben wir hier, um zu kämpfen und unsere Heerscharen anzufeuern, und du, Hektor, geh unterdessen in die Stadt und sag allen, sie sollen zu den Göttern beten, damit sie uns wenigstens vor Diomedes beschützen, der wie ein Wahnsinniger kämpft und den keiner von uns aufzuhalten vermag. Nicht einmal vor Achill hatten wir solche Angst. Hör auf mich, Hektor, geh zu unserer Mutter und sag ihr, wenn sie mit Troia, unseren Frauen und Kindern Mitleid hat, soll sie das schönste und größte Gewand nehmen, das es in unserem Palast gibt, und es im Tempel oben auf der Burg der helläugigen Pallas Athene auf die Knie legen. Wir werden hierbleiben und die Männer zum Kampf anfeuern.« Hektor folgte ihm. Er sprang auf den Wagen und raste zu den Skäischen Toren. Ich sah ihn zwischen den Männern verschwinden, den Schild auf den Rücken geworfen, so dass ihm der Rand des Schildes aus schwarzem Leder an Hals und Fersen schlug. Ich wandte mich um. Die Achäer standen vor uns. Wir wandten uns alle um. Als wäre ein Gott herabgestiegen, an unserer Seite zu kämpfen, warfen wir uns ihnen entgegen.

DIE AMME

Natürlich erinnere ich mich an jenen Tag. Ich erinnere mich an alles von jenem Tag. Und nur an das will ich mich erinnern. Hektor kam in die Stadt, durch die Skäischen Tore, er hielt an unter der großen Eiche. Alle Frauen und Töchter der troianischen Krieger liefen ihm entgegen: Sie wollten von ihren Söhnen, Brüdern und Männern Nachricht haben. Doch er sagte nur: Betet zu den Göttern, denn es droht uns ein großes Unheil. Dann eilte er zum Palast des Priamos, zu der riesigen Residenz mit den strahlenden Arkaden. Welch ein Reichtum ... Auf der einen Seite fünfzig Gemächer aus hellem Stein, eines an das andere gebaut: Hier schliefen die Söhne des Priamos mit ihren Frauen. Und auf der anderen Seite zwölf Gemächer, eines an das andere gebaut: Hier schliefen die Töchter des Priamos mit ihren Männern. Hektor trat ein, und Hekuba, seine liebevolle Mutter, kam ihm entgegen. Sie nahm seine Hand und sagte: »Mein Sohn, warum bist du hier? Warum bist du nicht in der Schlacht? Die hassenswerten Achäer drücken euch dort schon an die Mauern. Bist du gekommen, um deine Arme von der Burg oben zu Zeus zu erheben? Ich will dir Wein geben, damit du davon trinkst und den Göttern opferst. Der Wein gibt dem Müden Kraft und Stärke, und du bist erschöpft, denn du kämpfst, um uns alle zu verteidigen.«

Aber Hektor sagte nein, er wolle keinen Wein, er wolle seine Kraft nicht verlieren und die Schlacht nicht vergessen. Er sagte auch, er könne ihn den Göttern nicht darbieten, denn seine Hände seien beschmutzt mit Staub und Blut. »Geh du zum Tempel der Athene«, sagte er. »Versammle die ältesten Frauen um dich und geh hinauf. Nimm das schönste, das größte Gewand, das du im ganzen Palast hast, das, welches dir am liebsten ist, und lege es Athene, der beutegierigen Göttin, auf die Knie. Bitte sie, mit den Troerinnen und ihren jungen Söhnen Erbarmen zu haben, und flehe sie an, Diomedes, den Sohn des Tydeus, von uns fernzuhalten, denn er kämpft allzu grausam und sät Schrecken allerorten.« Da rief die Mutter ihre Mägde zusammen und schickte sie in die Stadt aus, alle vornehmen alten Frauen zu suchen. Dann ging sie in ihr duftendes Gemach, wo sie die von den Frauen Sidons bestickten Gewänder aufbewahrte, die Gewänder, die der göttliche Paris mitgebracht hatte, als er mit Helena von seiner Reise über das weite Meer zurückgekehrt war. Und unter allen Gewändern wählte Hekuba das schönste und üppigste, das ganz bestickt war und strahlte wie ein Stern. Und ich will euch sagen: Es war das Letzte, lag zuunterst von allen. Sie nahm es und machte sich mit den anderen Frauen zum Tempel der Athene auf.

Ich war in Wirklichkeit nicht dabei. Aber diese Dinge weiß ich, denn wir redeten immer unter uns, die Mägde und wir anderen Dienerinnen im Haus ... und sie erzählten mir, dass Hektor, als er seine Mutter verließ, zu Paris ging, um ihn wieder in die Schlacht mitzunehmen. Er fand ihn im Schlafgemach, wo er seine schönen Waffen polierte: den Schild, den Panzer und den gekrümmten Bogen. Im selben Zimmer war auch Helena. Sie war umringt von ihren Mägden. Sie arbeiteten alle mit wunderbarem Geschick. Hektor trat ein – er hatte noch die Lanze in der Faust, und die Spitze glänzte in bronzenem Schein –, und sowie er Paris sah, brüllte er ihn an: »Elender, was genießt du hier deinen Groll, während die Krieger rings um die hohen Mauern Troias kämpfen? Ausgerechnet du, der diesen Krieg verursacht hat. Los jetzt, komm in die Schlacht, oder du wirst deine Stadt bald im feindlichen Feuer brennen sehen.«

Paris sagte: »Du hast nicht unrecht, Hektor, wenn du mir Vorwürfe machst. Aber versuch mich zu verstehen. Ich blieb nicht hier, weil ich den Troern gram bin, sondern weil ich meinen Schmerz ausleben wollte. Auch Helena sagt mir in ihrer sanften Weise, ich soll wieder in die Schlacht gehen, und vielleicht ist es das Beste, was ich tun kann. Warte auf mich, ich lege nur meine Waffen an. Oder geh voraus, ich werde nachkommen.« Hektor antwortete nicht einmal. In der Stille hörten alle Mägde Helenas sanfte Stimme: »Hektor«, sagte sie, »wie sehr wünschte ich mir, dass mich an dem Tag, an dem mich meine Mutter zur Welt brachte, ein Sturmwind weit weg getragen hätte, auf den Gipfel eines Berges oder in die Wogen des Meeres, bevor das alles geschehen konnte. Wie sehr wünschte ich mir, das Geschick hätte mir wenigstens einen Mann gegeben, der fähig ist, den Tadel und die Verachtung der anderen zu spüren. Aber Paris ist nicht von starkem Mut und wird es nie sein. Komm her, Hektor, setz dich neben mich. Dein Herz ist von Kümmernissen bedrängt, und ich bin schuld, ich und Paris und unser Wahnsinn. Ruh dich aus hier neben mir. Du weißt, Traurigkeit ist unser Geschick: Aber deshalb wird unser Leben auf immer besungen werden, von allen Menschen, die noch kommen.«

Hektor regte sich nicht. »Bitte mich nicht, hierzubleiben, Helena«, sagte er. »Auch wenn du es für mich tust, bitte mich nicht darum. Lass mich nach Hause gehen, denn ich will meine Frau und meinen Sohn sehen. Die Troer, die da unten kämpfen, warten auf mich, aber ich will noch bei meiner Familie vorbeischauen, ich möchte sie sehen; denn ich weiß wahrhaftig nicht, ob ich noch einmal lebendig hierherkommen werde, bevor mich die Achäer töten.« So sagte er und entfernte sich. Er kam nach Hause, aber wir waren nicht da. Er fragte die Sklavinnen, wo wir seien, und sie sagten, Andromache sei zum Turm von Ilios geeilt, sie habe gehört, die Troer würden der Kraft der Achäer weichen, und sie sei zum Turm geeilt und die Amme mit ihr, den kleinen Astianax im Arm. Und jetzt seien sie dort und würden wie verrückt geworden bei den Mauern herumlaufen. Hektor sagte kein Wort. Er drehte sich um und lief schnell wieder durch die Stadt zu den Skäischen Toren. Er wollte schon aus den Mauern hinaustreten und sich wieder in die Schlacht stürzen, als ihn Andromache sah und auf ihn zuging und ich hinter ihr, das kleine, zarte Kind im Arm, Hektors geliebten Sohn, schön wie ein Stern. Hektor sah uns. Und blieb stehen. Und lächelte. *Das habe ich mit meinen eigenen Augen gesehen. Ich war dabei.* Hektor lächelte. Und Andromache trat nahe zu ihm hin und ergriff seine Hand. Sie weinte und sagte: »Unglückseliger, deine Kraft wird dir zum Verderben gereichen. Hast du nicht Mitleid mit deinem Sohn, der noch ein Kind ist, und mit mir Unglücklichen? Willst du hinaustreten, dorthin, wo die Achäer alle auf einmal dich anspringen und dich töten werden?« Sie weinte. Und dann sagte sie: »Hektor, wenn ich dich verliere, ist es besser, ich sterbe; denn es wird keinen Trost für mich geben, nur Schmerz. Ich habe keinen Vater, ich habe keine Mutter, ich habe niemanden mehr. Den Vater hat mir Achill getötet, als er die Stadt Theben mit ihren hohen Toren zerstörte. Ich hatte sieben Brüder, und alle sieben tötete Achill am selben Tag, als sie die langsamen Ochsen und die schneeweißen Schafe weideten. Und meine Mutter nahm Achill mit, und wir bezahlten, um sie wiederzuhaben, sie kam nur zurück, um ganz plötzlich in unserem Haus vor Schmerz zu sterben. Hektor, du bist mein Vater, meine Mutter und mein Bruder, und du bist mein junger Gemahl: Hab Mitleid mit mir, bleib hier auf dem Turm. Kämpfe nicht auf freiem Feld, lass das Heer bis zu dem wild wachsenden Feigenbaum zurückrücken, um die einzige schwache Stelle der Mauern zu verteidigen, welche die Achäer, von ihrem Mut getrieben, schon dreimal zu stürmen versucht haben.«

Aber Hektor erwiderte: »Das weiß ich auch alles, Frau. Aber die Scham, die ich empfinden würde, wenn ich der Schlacht fernbliebe, wäre zu groß. Während ich aufwuchs, habe ich gelernt, immer stark zu sein und bei jeder Schlacht in der ersten Reihe zu kämpfen, zu meines Vaters und zu meinem eigenen Ruhm. Wie könnte mich mein Herz jetzt fliehen lassen. Ich weiß genau, dass der Tag kommen wird, an dem die heilige Stadt Troia und mit ihr Priamos und die Priamos-Sippe untergehen werden. Und wenn ich mir den Tag vorstelle, dann denke ich nicht an den Schmerz der Troer, nicht an den Schmerz meines Vaters oder meiner Mutter oder meiner Brüder, die von den Feinden getötet in den Staub gesunken sind. Wenn ich mir den Tag vorstelle, sehe ich dich: Ich sehe einen achäischen Krieger, der dich nimmt und dich weinend wegschleift, ich sehe dich als Sklavin in Argos, während du für eine andere Frau die Kleider webst, für sie zum Brunnen gehst, um Wasser zu holen, ich sehe dich weinen und höre die Stimmen derer, die dich anschauen und sagen: ›Da geht die Gemahlin Hektors, des stärksten aller troianischen Krieger.‹ Könnte ich doch sterben, bevor ich dich Sklavin weiß! Unter der Erde liegen, bevor ich dein Schreien hören muss.«

So sprach der glorreiche Hektor und ging dann auf mich zu. Ich hielt seinen Sohn im Arm, versteht ihr? Und er kam näher und wollte ihn mit seinen Händen nehmen. Aber das Kind klammerte sich an meine Brust und brach in Tränen aus, es fürchtete sich, als es den Vater sah, mit seinen bronzenen Waffen, dem Wedel auf dem Helm, der schrecklich hin und her schwankte, und so brach es in Tränen aus. Und ich erinnere mich, dass sich da Andromache und Hektor ansahen und lächelten. Dann nahm er den Helm ab und stellte ihn auf den Boden. Da ließ sich das Kind nehmen, und er drückte es fest in seine Arme. Er küsste es, hob es empor und sagte: »Zeus und ihr Götter des Himmels, lasst diesen meinen Sohn so werden wie mich, den Stärksten unter allen Troern und Herrn von Ilios. Macht, dass die Leute, wenn sie ihn aus der Schlacht kommen sehen, sagen: ›Er ist sogar stärker als sein Vater.‹ Macht, dass er eines Tages kommt und die blutigen Gewänder der Feinde bringt, und macht, dass an dem Tag auch seine Mutter da ist und sich in ihrem Herzen freut.« Und während er diese Worte sprach, legte er das Kind in Andromaches Arme. Und ich erinnere mich, wie sie weinte und lächelte; und als Hektor sie ansah, hatte er Mitleid mit ihr, streichelte sie und sagte: »Sei nicht zu betrübt in deinem Herzen. Niemandem wird es gelingen, mich zu töten, wenn es das Schicksal nicht will; und wenn es das will, dann denke, dass kein Mensch, sobald er einmal geboren ist, dem Schicksal entgehen kann. Ob er feig ist oder mutig. Keiner. Jetzt geh nach Hause, mach dich an die Arbeit, spinne oder webe mit deinen Mägden. An den Krieg lass die Männer denken, alle Männer von Ilios, und mich mehr als jeden anderen Mann von Ilios.« Dann bückte er sich und hob den Helm mit dem bebenden Federbusch wieder auf. Wir gingen nach Hause. Auf dem Weg weinte Andromache und wandte sich immer wieder um. Als die Mägde sie kommen sahen, erweckte sie bei allen große Traurigkeit. Alle brachen in Tränen aus. Sie beweinten Hektor, beweinten ihn in seinem Haus, während er noch lebte. Denn keine dachte bei sich, dass er lebend aus der Schlacht zurückkehren würde.

NESTOR

Wir sahen Hektor durch die Skäischen Tore hinauseilen. Wir dachten, er würde in die Schlacht zurückkehren, aber in Wirklichkeit tat er etwas Seltsames. Er lief vor die Reihen der Seinen, die Lanze nach unten gerichtet, zum Zeichen, dass sie innehalten sollten. Da gab auch Agamemnon uns Achäern den Befehl, die Waffen niederzulegen. Die beiden Heere standen einander plötzlich schweigend, beinahe reglos gegenüber. Sie glichen einem Meer, das sich leicht kräuselt, wenn der Wind zu wehen beginnt. Mitten in dieses Meer stellte sich Hektor und sprach mit lauter Stimme.

»Hört mir zu, Troer, und auch ihr, Achäer, ich will euch sagen, was mir am Herzen liegt. Die Götter täuschen uns etwas vor mit ihren Versprechungen, aber dann verdammen sie uns nur zu Leid und Unglück, und so wird es weitergehen, bis Troia siegt oder eingenommen wird. Und daher sage ich euch: Wenn es einen achäischen Fürsten gibt, der den Mut hat, mit mir einen Zweikampf auszufechten, fordere ich ihn heraus; ich möchte heute meinem Geschick ins Auge sehen.« Die Heere blieben still. Wir, die achäischen Fürsten, blickten uns in die Augen: Man sah, dass wir Angst hatten, die Herausforderung anzunehmen, aber auch dass wir uns schämten, sie zurückzuweisen. Schließlich hörte man die wütende Stimme von Menelaos.

»Na, Achäer, was seid ihr, schwache Weiber? Denkt ihr nicht an die Schande, wenn keiner von uns die Herausforderung annimmt? Ins Verderben mit euch, ihr Mutlosen und Ruhmlosen! Ich werde für euch kämpfen, und die Götter werden entscheiden, wem der Sieg gehört.« Und er nahm seine Waffen und trat vor. Wir wussten, dass er keine Hoffnung hatte, dass Hektor zu stark war für ihn. Also hielten wir ihn auf. Agamemnon, sein Bruder, nahm ihn an der Hand und sprach leise und behutsam zu ihm. »Menelaos, tu diese Wahnsinnstat nicht. Kämpfe nicht mit einem Mann, der stärker ist als du. Sogar Achill hat Angst, sich mit Hektor zu messen, und du willst es tun? Halt inne, schicken wir einen anderen!« Menelaos wusste in seinem Innersten, dass Agamemnon recht hatte. Er hörte auf ihn und gehorchte ihm. Er ließ sich von seinen Schildträgern die Rüstung von den Schultern nehmen. Da schaute ich auf alle anderen und sagte: »O weh, welch ein Schmerz trifft das Volk der Achäer. Wie viele Tränen würden unsere Väter vergießen, wenn sie wüssten, dass wir alle vor Hektor zittern. Ach, wenn ich doch noch jung und stark wäre, ich hätte keine Angst, das schwöre ich euch, und Hektor müsste sich mit mir schlagen. Ihr habt Angst, ich hätte keine.«

Da traten neun Männer hervor, als erster Agamemnon, dann Diomedes, die beiden Ajaxe, Idomeneus, Meriones, Eurypylos, Thoas und als letzter Odysseus. Jetzt wollten sie alle kämpfen. »Das Los soll entscheiden«, sagte ich. Und ich ließ in Agamemnons Helm neun Lose legen, je eins mit dem Symbol eines jeden von ihnen. Ich schüttelte den Helm und zog eines heraus. Ich sah das Symbol an. Dann ging ich auf Ajax, den Sohn des Telamon, zu, den Einzigen von uns, der gegen Hektor etwas ausrichten konnte, und gab es ihm. Er sah es an. Und er verstand. Er warf es auf den Boden und sagte: »Freunde, mein ist das Los, mein ist das Glück, mein Herz lacht, denn ich werde den glorreichen Hektor besiegen. Gebt mir meine Waffen und betet für mich.«

Er bekleidete sich mit blendend leuchtender Bronze. Und als er gerüstet war, ging er mit großen Schritten auf Hektor zu, furchterregend, die Lanze über seinem Kopf schwingend, ein entsetzliches Grinsen im Gesicht. Als ihn die Troer sahen, erbebten sie alle, und ich weiß, dass auch Hektor das Herz in der Brust wie wahnwitzig schlug. Aber er konnte nicht mehr fliehen, er hatte die Herausforderung ausgesprochen und konnte sich nicht zurückziehen. »Hektor«, begann Ajax zu schreien, »es ist Zeit, dass du entdeckst, was für Helden unter den Achäern sind, außer Achill, dem Vernichter. Der ist jetzt in seinem Zelt, das Löwenherz. Aber wie du siehst, sind auch wir fähig, mit dir zu kämpfen.«

»Lass das Reden«, erwiderte Hektor, »und kämpfe.« Er erhob seine Lanze und schleuderte sie. Die bronzene Spitze traf mitten in den Schild des Ajax, durchbrach die bronzene Platte und dann eine nach der anderen die sieben Lederschichten, und in der letzten blieb sie stecken, ausgerechnet in der letzten, gerade, ehe sie hätte verwunden können. Und dann warf Ajax seine Lanze. Sie durchbohrte Hektors Schild, Hektor beugte sich zur Seite, und das war seine Rettung. Die bronzene Spitze streifte ihn nur, zerriss nur seine Tunika, aber verletzte ihn nicht. Da rissen beide die Lanzen aus den Schilden und stürzten sich aufeinander wie wilde Löwen. Ajax bedeckte sich mit seinem riesigen Schild, Hektor schlug zu, aber konnte ihn nicht treffen. Als er es müde war, kam Ajax hinter dem Schild hervor und traf ihn mit der Lanzenspitze leicht am Hals. Wir sahen schwarzes Blut aus der Wunde hervorsprudeln. Ein anderer hätte nun innegehalten. Aber nicht Hektor, er bückte sich und hob einen Stein, einen riesigen, zackigen schwarzen Stein, vom Boden auf und schleuderte ihn dann auf Ajax. Man hörte den Schild dröhnen – die Bronze nachklingen –, aber Ajax hielt den Schlag aus und hob seinerseits einen noch größeren Stein auf, ließ ihn in der Luft kreisen und schleuderte ihn dann mit furchtbarer Gewalt. Der Schild Hektors flog in die Luft, Hektor fiel nach hinten, aber er stand wieder auf, und dann nahmen sie die Schwerter und fielen schreiend übereinander her ...

Da ging die Sonne unter.

Zwei Herolde, ein achäischer und ein troianischer, traten da hervor, um die beiden voneinander zu trennen, denn selbst in der Schlacht ist es gut, der Nacht zu gehorchen. Ajax wollte nicht aufhören. »Hektor soll entscheiden, von ihm kam die Herausforderung«, sagte er. Und Hektor entschied: »Unterbrechen wir für heute den Kampf«, sagte er. »Du bist stark, Ajax, deine Lanze ist die stärkste von allen achäischen Lanzen. Du wirst deine Freunde und Gefährten glücklich machen, weil du heute Abend lebendig in dein Zelt zurückkehrst. Und ich werde die Männer und Frauen von Troia erfreuen, die mich lebendig in die große Stadt des Priamos zurückkehren sehen. Und jetzt lasst uns kostbare Geschenke tauschen, damit alle sagen können: Sie haben sich in einem grausamen Zweikampf geschlagen, aber sie sind in Harmonie und Frieden auseinandergegangen.« So sprach er. Und er machte Ajax ein silberbeschlagenes Schwert mit vollkommener Scheide und Riemen zum Geschenk. Und Ajax schenkte ihm einen glänzenden purpurnen Gürtel.

Bei dem Festmahl, mit dem wir an jenem Abend Ajax feierten, ließ ich sie alle in Ruhe trinken und essen, und als ich sah, dass sie müde waren, bat ich die Fürsten um Gehör. Ich war der Älteste, und sie hatten Ehrfurcht vor meiner Weisheit. So sagte ich, wir müssten die Troer um einen Tag der Waffenruhe bitten, damit wir und sie unsere Toten vom Schlachtfeld wegholen können. Und ich sagte, wir müssten den Tag dazu ausnützen, um eine hohe Mauer um unsere Schiffe herum zu bauen und einen großen Graben anzulegen, um bei einem Ansturm der Troer eine Zuflucht zu haben.

»Eine Mauer? Was brauchen wir Mauern, wir haben unsere Schilde«, sagte Diomedes. »Mauern sind für mich zum Niederreißen da, nicht zum Erbauen«, sagte er. Niemandem gefiel diese Idee. Manche sagten sogar: »Stellt euch nur vor, wie sich Achill rühmen wird, wenn er erfährt, dass wir ohne ihn solche Angst haben, dass wir uns hinter einer Mauer verschanzen.« Sie lachten. Aber die Wahrheit ist, dass sie jung waren, und die Jugend hat eine altmodische Vorstellung vom Krieg: Ehre, Schönheit, Heldentum. Wie der Zweikampf zwischen Hektor und Ajax: Die beiden Fürsten suchen einander zuerst grausamst zu töten, und dann tauschen sie Geschenke aus. Ich war zu alt, um noch an diese Dinge zu glauben. Diesen Krieg haben wir durch ein riesiges Holzpferd gewonnen, in dem lauter Soldaten steckten. Durch einen Betrug haben wir ihn gewonnen, nicht im offenen, ritterlichen Kampf mit unbedecktem Gesicht. Und das hat den jungen Leuten nie gefallen. Aber ich war alt. Odysseus war alt. Wir wussten, auch der lange Krieg, den wir führten, war alt, und eines Tages würde ihn der gewinnen, der imstande sein würde, ihn auf eine neue Weise zu führen.

An jenem Abend gingen wir schlafen, ohne eine Entscheidung zu treffen, und als wir erwachten, erhielten wir eine Botschaft von den Troern. Idaios kam und sagte uns, da die Troer nach dem Zweikampf zwischen Paris und Menelaos den Kampf wieder aufgenommen und die heiligen Pakte gebrochen hätten, seien sie jetzt bereit, uns Gerechtigkeit widerfahren zu lassen, indem sie alle Reichtümer zurückgeben wollten, die Paris mit Helena aus Argos mitgenommen habe. Die Frau nicht, aber die Reichtümer schon. Und er sagte, sie hätten herrliche Geschenke hinzugefügt, um uns für den Verrat zu entschädigen. Sie hatten Angst, dass die Götter ihre Unlauterkeit nicht verzeihen würden, versteht ihr? Diomedes stand auf und sagte: »Auch wenn sie uns Helena in Fleisch und Blut zurückgeben würden, dürften wir nicht aufhören,

Freunde. Auch ein Dummkopf würde verstehen, dass das Ende Troias nicht mehr fern ist.« Alle applaudierten wir, in dem Augenblick spürten wir, dass er recht hatte. So antwortete Agamemnon dem Idaios und sagte, sie würden ihr Angebot ablehnen. Und dann vereinbarte er eine eintägige Waffenruhe, damit wir und die Troer unsere Toten vom Schlachtfeld holen und dem Ritus entsprechend verbrennen könnten. Und so geschah es.

Ein merkwürdiger Kriegstag. In der großen Ebene waren unter der Sonne, welche die Felder beschien, Achäer und Troer unterwegs und mischten sich auf der Suche nach ihren Toten miteinander. Sie beugten sich über die übel zugerichteten Leichen, wuschen ihnen mit Wasser das Blut weg, um ihre Gesichter zu erkennen, und luden sie weinend auf ihre Wagen. Dann legten sie sie schweigend unter Schmerz und Trauer auf die Scheiterhaufen und warteten, bis die hohen Flammen jene, die nur einen Tag zuvor noch an ihrer Seite gekämpft hatten, verzehrten.

Als die Sonne allmählich unterging, versammelte ich um den Scheiterhaufen der Bestattung eine Gruppe von Achäern. Ich hieß sie die Mauer bauen, die verhasste Mauer mit hohen, sicheren Türmen und breiten Toren, um unsere Krieger ein und aus gehen zu lassen. Ich ließ sie rund um die Schiffe herum bauen. Und vor der Mauer ließ ich einen tiefen Graben anlegen, um die Streitwagen der Troer fernzuhalten. Und erst als alles vollendet war, zogen wir uns in die Zelte zurück, um das Geschenk des Schlafes zu empfangen. In der Nacht schleuderte Zeus schreckliche Donner vom Himmel, und es klang nach solchem Unheil, dass wir blass vor Schrecken wurden.

Beim Morgengrauen des nächsten Tages nahmen wir schnell unsere Mahlzeit ein, und dann legten wir die Waffen an. Die Troer kamen aus der Stadt heraus und uns mit einem ungeheuren Lärm entgegen. In der Mitte der Ebene stießen die beiden Heere aufeinander, eine Raserei von Schilden, Lanzen, bronzenen Rüstungen, unter Gestöhn und Gebrüll, dem Schmerzgeschrei der Getöteten und dem Triumph der Peiniger, während die Erde sich von Blut rot färbte. Vom Morgengrauen bis zum Vormittag flogen die Schläge von beiden Seiten, aber als die Sonne am Zenit stand, war das Glück der Schlacht den Troern gewogen. Ich sah, wie um mich alle zurückzuweichen begannen. Da wollte auch ich meinen Wagen umwenden, als ein von Paris geschleuderter Pfeil eins meiner Pferde mitten auf die Stirn traf: Es bäumte sich auf vor Schmerz, dann stürzte es zu Boden und riss die anderen zwei mit. Mit dem Schwert schnitt ich ihm die Zügel durch und wollte gerade die anderen Pferde wieder rufen, da sah ich, dass Hektor, mit seinem Wagen durch das Gewühl stürmend, auf mich zukam. Das war mein Tod. Ich sah Oysseus nicht weit von mir, er floh ebenfalls, da begann ich zu rufen: »Odysseus, wo rennst du hin, willst du durch eine Lanze im Rücken umkommen? Du Feigling, komm, hilf mir!« Aber der geduldige, glorreiche Odysseus wollte nicht auf mich hören und rannte eiligst in Richtung der Schiffe. Da kam Diomedes und rettete mich. Er eilte mit seinem Wagen zu mir und ließ mich einsteigen. Ich nahm die Zügel und lenkte den Wagen auf Hektor. Und als wir ihm ziemlich nahe gekommen waren, schleuderte Diomedes mit seiner ganzen Kraft die Lanze auf ihn. Als ich sah, dass der Wurf ins Leere ging, war mir klar, dass das Geschick gegen uns war und dass es besser war, wenn wir uns aus dem Staub machten. »Ich mich aus dem Staub machen?« sagte Diomedes zu mir. »Und dann erfahren, dass Hektor herumerzählt, Diomedes sei vor ihm ausgerissen?« *Wie ich schon gesagt habe, die Jungen lieben die Ehre, und so werden die Kriege verloren.* »Diomedes, auch wenn er es sagen wird, es wird ihm niemand glauben, denn die Leute glauben dem Sieger, nicht dem Verlierer.« Und ich trieb die Pferde zur Flucht durch das Gewühl, während die Stimme Hektors, der uns Beschimpfungen nachschrie, immer schwächer wurde.

Wir wichen zurück bis zum Graben, und dort hielten wir an. Hektor jagte uns nach mit seinem ganzen Heer, das Gelände war voller Krieger, Wagen und Pferde. Agamemnon brüllte und feuerte die Achäer an, und alle Helden kämpften, Seite an Seite. Er erinnerte mich an den Bogenschützen Teucros, er versteckte sich hinter dem Schild des Ajax, und als Ajax den Schild senkte, zielte er und schoss ins Gedränge der Troer. Er verfehlte keinen einzigen Schuss. Die Troer fielen, einer um den anderen, von seinen Pfeilen durchbohrt. Alle riefen wir ihm zu, er solle auf Hektor schießen, auf ihn zielen. »Ich kann ihn nicht treffen, den wilden Hund«, sagte er, zweimal hatte er es versucht, zweimal war es ihm misslungen, ein drittes Mal schaffte er nicht, Hektor erreichte ihn und traf ihn mit einem Stein an der Schulter, der Bogen flog ihm aus den Händen, er fiel zu Boden, Ajax beschützte ihn mit seinem Schild, zwei Männern gelang es, ihn zu packen und weit weg vom rasenden Hektor zu bringen.

Wir kämpften, aber wir konnten sie nicht mehr zurückweisen. Sie trieben uns in den Graben und dann an die Mauer. Hektor brüllte in einem fort: »Die glauben, sie können uns durch eine Mauer aufhalten, bevor wir zu ihren Schiffen und zu dem Feuer kommen, das sie verzehren wird!« Nichts konnte uns mehr retten. Es rettete uns die Sonne. Sie sank ins Meer und brachte die Nacht auf die fruchtbare Erde. Wutentbrannt sahen sie die Augen der Troer untergehen, voll Freude die unseren. Auch der Krieg unterwirft sich der Nacht.

Wir zogen uns hinter die Mauer zurück, in unsere Zelte bei den Schiffen. Aber Hektor brachte zum ersten Mal in den neun langen Kriegsjahren sein Heer nicht in die Mauern der Stadt zurück. Er befahl den Seinen, dort unter der Mauer zu lagern. Aus der Stadt ließ er Ochsen und fette Schafe, süßen Wein, Brot und Holz für die hohen Feuer bringen. Der Wind trug den Geruch der Opfer zu uns. *Und wir, die wir aus der Ferne gekommen waren, eine Stadt zu belagern, wurden selbst zu einer belagerten Stadt.* Die ganze Nacht hindurch brannten zu Tausenden vor unseren Augen die Feuer der stolzerfüllten Troer. Sie leuchteten wie der Mond und die Sterne in klaren Nächten, wenn sie die Gipfel der Berge und die Täler erhellen und dem Hirten das Herz erwärmen. Im Schein der Flammen sahen wir, wie die Schatten der Troer die Nacht bevölkerten und die Morgenröte auf ihrem schönen Thron erwarteten.

ACHILL

Sie kamen zu fünft. Odysseus allen voran. Dann Ajax, der große Krieger, und Phoenix, der Liebling des Zeus. Und zwei Herolde: Odios und Eurybates. Ich war in meinem Zelt und spielte auf der Leier, dem kostbaren, schönen Instrument mit dem silbernen Steg, das ich mir aus der Beute ausgesucht hatte, und ich spielte, weil dies mein Herz tröstete: zu spielen und von den Abenteuern der Helden zu singen. Patroklos hörte mir schweigend zu. Dann kamen sie. Die Wahl war gut getroffen; es waren nämlich diejenigen, die ich von allen Achäern bevorzugte. »Freunde«, sagte ich und bat sie, um mich auf den mit purpurnen Teppichen bedeckten Sitzen Platz zu nehmen. Ich sagte zu Patroklos, er möge noch Wein holen, und er ging und brachte Wein, Fleisch und Brot. So tafelten wir in meinem Zelt miteinander. Erst gegen Ende erhob Odysseus, der mir gegenübersaß, seine volle Weinschale und sagte: »Dir zum Wohl, Achill, göttlicher Fürst. Prächtig war dein Mahl, aber leider sind wir nicht hierhergekommen, um mit dir zu speisen und deinen Wein zu trinken. Ein unermessliches Unheil droht uns, und wir haben Angst. Wenn du nicht wieder zu den Waffen greifst, wird es uns kaum gelingen, die Schiffe zu retten. Die hochmütigen Troer und ihre Verbündeten haben ihr Lager direkt an der Mauer aufgeschlagen, die wir zu unserem Schutz errichtet haben. Sie haben tausend Feuer angezündet und sagen, sie werden nicht haltmachen, bevor sie über unsere schwarzen Schiffe herfallen. Hektor ist schrecklich in seiner Zerstörungswut, er fürchtet weder Menschen noch Götter, ist besessen von einer brutalen Raserei. Er sagt, er wartet nur auf das Morgenrot, dann rückt er vor, um unsere Schiffe durch das Feuer zu vernichten und im Rauch die Achäer niederzumetzeln. Er wird es tun, Achill. Ich weiß es in meinem Innersten, dass er es tun wird, und wir werden alle hier in Troia sterben, fern von unserer Heimat. Aber wenn du willst, bleibt uns noch Zeit, um die Achäer zu retten, bevor das Übel heillos wird, für alle, auch für dich. Mein Freund, erinnerst du dich noch an den Tag, an dem dein Vater Peleus dich an der Seite Agamemnons weggehen sah? ›Die Götter werden dir die Kraft geben‹, sagte er zu dir, ›aber bändige dein stolzes Herz in der Brust. Mild sein, das heißt stark sein. Halte dich fern von Rauferei und Streit, und die Achäer, alte und junge, werden dich ehren.‹ So sagte er, aber du hast es vergessen.

Jetzt höre. Lass dir alle die Geschenke aufzählen, die Agamemnon dir versprochen hat, wenn du von deinem Zorn ablässt, es sind kostbare Geschenke. Sieben nie ins Feuer gestellte Dreifüße, zehn Talente Gold, zwanzig funkelnde Becken, zwölf kräftige, windschnelle Pferde, Sieger bei tausend Rennen. Außerdem gibt dir Agamemnon sieben Frauen von Lesbos, erfahren in vollkommenen Arbeiten, dieselben, die er sich selbst aussuchte, als du für ihn die wohlgebaute Stadt Lesbos zerstört hast. Es waren auch die schönsten: Du sollst sie haben. Und mit ihnen wird er dir auch Brisëis geben, die er dir einst genommen; und er wird feierlich schwören, das Bett nicht mit ihr geteilt zu haben und sie nicht geliebt zu haben, wie Männer und Frauen sich zu lieben pflegen. All das wirst du bekommen, und zwar hier und jetzt. Und wenn uns dann das Geschick zugesteht, die große Stadt des Priamos zu zerstören, dann kannst du bei der Verteilung der Beute hervortreten und so viel Gold und Bronze auf dein Schiff laden, wie du willst, und zwanzig Troerinnen, die schönsten, die du finden kannst, abgesehen von Helena von Argos. Und wenn wir schließlich nach Argos, in das fruchtbare achäische Land, zurückkehren, sollst du nach Agamemnons Wunsch der Gemahl einer seiner drei Töchter werden, die in seinem herrlichen Königspalast jetzt auf ihn warten: Du suchst dir die aus, die du willst, und nimmst sie mit in den Palast des Peleus, ohne irgendeine Hochzeitsgabe zu bringen. Im Gegenteil, Agamemnon wird ihr so viele erwünschte Geschenke machen, wie noch kein Vater seiner Tochter gemacht hat: sechs seiner reichsten Städte; Kardamyle, Enope, Hire, das göttliche Pherai, Antheia mit seinen grünen Wiesen, das schöne Aipeia und Peadsos mit seinen vielen Weinbergen, lauter Städte, die nahe beim Meer liegen, alle bewohnt von Leuten mit vielen Rinderherden und Lämmern, sie werden dich wie einen Gott verehren und dir, ihrem König, reichen Tribut entrichten. All das wird er dir geben, wenn du ablässt von deinem Zorn. Und wenn du es nicht über dich bringst, weil dir Agamemnon zu verhasst ist, und seine Geschenke unerträglich, dann hab doch Mitleid mit uns, die heute leiden und dich morgen wie einen Gott verehren können. Es ist der richtige Augenblick, Hektor herauszufordern und zu töten, er ist besessen von einer entsetzlichen Raserei, überzeugt, er sei der Stärkste von allen, heute würde er nicht vor dir fliehen. Wäre das nicht ein unermesslicher Ruhm, Achill?«

Sohn des Laertes, göttlicher, scharfsinniger Odysseus, es ist besser, ich spreche deutlich und sage, was ich denke und was geschehen wird: So vermeiden wir vergebliches Geschwätz. Es gibt auf der Welt keinen einzigen Achäer, der mich dazu überreden könnte, von meinem Zorn abzulassen. Das kann weder Agamemnon noch ihr könnt das. Was nützt es einem, immer, ohne Unterlass gegen jeglichen Feind zu kämpfen? Das Geschick ist gleich für den Mutigen und für den Feigen, die Ehre ist gleich für den Tapferen und für den Gemeinen, und es stirbt der, der nichts tut, sowie der, der sich viel zu schaffen macht: Mir bleibt nichts, nachdem ich so viel durchgemacht und in jedem Augenblick der Schlacht mein Leben aufs Spiel gesetzt habe. Wie ein Vogel seinen Jungen die Nahrung bringt, die er sich unter großen Mühen verschafft hat, so habe ich viele schlaflose Nächte und viele Tage verbracht, um auf dem blutigen Schlachtfeld gegen den Feind zu kämpfen. Zu zehn Städten bin ich mit meinen Schiffen gefahren und habe sie zerstört. Ich habe unermessliche Schätze mitgebracht und alles Agamemnon, dem Sohn des Atreus, gegeben; und er, der sicher in seinem Zelt bei den Schiffen weilte, hat alles angenommen: Vieles behielt er für sich, manches teilte er an die anderen aus. Den Königen und den Helden gestand er immer einen Ehrenpreis zu, und alle haben ihn jetzt bei sich, nur ich nicht. Mir hat er, Agamemnon, die Frau genommen, die ich liebte und die jetzt mit ihm schläft. Er soll sie behalten und sein Vergnügen haben. Aber warum in aller Welt sollen wir für ihn kämpfen? Weil er ein Heer zusammengestellt und hierhergeführt hat? Geschah es vielleicht nicht wegen Helena mit ihrem schönen Haar? Na und? Lieben nur die Söhne des Atreus ihre Frauen? Nein, jeder edle und weise Mann liebt die seine und passt auf sie auf, wie ich von ganzem Herzen die meine liebte, egal, ob sie eine Kriegssklavin war. Er hat sie mir genommen, er hat mir meinen Ehrenpreis gestohlen, jetzt weiß ich, was für ein Mann er ist, er wird mich kein zweites Mal betrügen. Versuch nicht, mich zu überreden, Odysseus, überleg dir lieber, wie man die Schiffe vor dem Feuer retten kann. Ihr habt schon viel getan ohne mich, ihr habt die Mauer gebaut und die Mauer entlang einen breiten, tiefen, hinterhältigen Graben angelegt. Aber damit werdet ihr Hektor nicht aufhalten. Als ich mit euch kämpfte, wagte er es nicht, sich von seinen Stadtmauern zu entfernen, er kämpfte bei den Skäischen Toren, und wenn er sich einmal Mut machte, rückte er bis zur Eiche vor ... Dort hat er mich auch herausgefordert, weißt du noch, Odysseus, ich und er, einer gegen den anderen. Dass er mit dem Leben davonkam, war wie ein Wunder. Aber jetzt ... jetzt habe ich keine Lust mehr, mich mit ihm zu schlagen: Morgen, wenn du willst, wenn dir etwas daran liegt, dann schau aufs Meer hinaus: Bei Tagesanbruch wirst du sehen, wie meine Schiffe den Hellespont pflügen, die Männer über die Ruder gebeugt. Und wenn der glorreiche Gott, der die Erde erschüttert, mir eine glückliche Reise gewährt, werde ich in drei Tagen im fruchtbaren Land Phthia sein. Alles, was ich besitze, habe ich dort gelassen, um hierherzukommen und vor den Mauern Troias zu kämpfen. Dorthin werde ich zurückkehren, und dorthin werde ich das Gold und die purpurne Bronze und das glänzende Eisen und die schönen Frauen bringen, die ich mir hier verdient habe: alles außer Brisëis, weil der, der sie mir gab, sie mir wieder genommen hat.

Geht zu Agamemnon, berichtet ihm vor allen, was ich gesagt habe, so verstehen auch die anderen Achäer, was für ein Mann er ist, und geben acht, sich nicht ebenso von ihm betrügen zu lassen. Ich sage euch, so schamlos er sein mag, er wird nie mehr den Mut haben, mir in die Augen zu schauen. Und ich werde ihm nicht zu Hilfe kommen, weder im Kampf noch durch meinen Rat. Es reicht mir, er soll in sein Verderben rennen, ich kann nichts ausrichten, wenn er verrückt geworden ist. Es liegt mir gar nichts mehr an ihm, ich hasse seine Geschenke. Auch wenn er mir zehn- oder zwanzigmal so viel gäbe wie er besitzt, auch wenn er mir so viele Geschenke anbieten würde, wie es Sandkörnchen gibt, selbst dann würde es ihm nicht gelingen, meinen Sinn zu beugen. Zuerst muss er bis auf den Grund die fürchterliche Beleidigung büßen, mit der er mich verletzt hat. Und ich werde keine von seinen Töchtern heiraten, ich würde es auch nicht tun, wenn eine so schön wäre wie Aphrodite und mit einem Geist wie Athene, er soll sie mit jemand anderem verheiraten, am besten mit einem, der mehr Macht hat als ich, mit jemand, der ihm ebenbürtig ist … Wenn mich die Götter retten, wenn ich wirklich heimkehre, wird mir mein Vater eine Braut aussuchen. Ich will nach Hause, ich will dorthin zurück, um in Frieden das Meinige zu genießen, mit einer Frau, einer Gemahlin an meiner Seite. So ungeheuer die Reichtümer sein mögen, die hinter den Mauerns Troias verborgen sind, sie sind nicht wert, was das Leben wert ist. Man kann Ochsen und fette Schafe stehlen, man kann sich mit dem Gold Pferde und kostbare Dreifüße kaufen, aber das Leben kann man nicht stehlen und nicht kaufen. Es entflieht dir durch die Kehle und kommt nicht zurück. Meine Mutter sagte mir einmal, was mein Geschick sein würde: Wenn ich hierbleibe und vor den Mauern Troias kämpfe, werde ich nicht zurückkehren, aber mein Ruhm wird ewig dauern; wenn ich aber heimfahre, zurück in mein Land, wird mir kein Ruhm beschert sein, aber ich werde ein langes Leben haben, bevor mich der Tod langsamen Schrittes erreichen wird. Ich sage es auch zu euch: Kehrt zurück nach Hause! Das Ende Troias werden wir nie erleben.

Geht zurück zu euren Zelten und bringt den Achäer-Fürsten meine Botschaft. Sagt ihnen, sie sollen sich etwas anderes überlegen, um die Schiffe und das Heer zu retten, sagt ihnen, dass ich auf meinem Zorn beharre.

So sprach ich. Und alle schwiegen verwirrt und bestürzt wegen meiner Ablehnung.

Ich habe es schon gesagt, unter ihnen war auch Phoenix, der alte Phoenix. Mein Vater hatte ihm befohlen, mit mir vor die Mauern Troias zu kommen. Ich war ein kleiner Junge, wusste nichts von Krieg und Versammlungen ... Mein Vater nahm Phoenix und sagte zu ihm, er solle bei mir bleiben und mir alles beibringen. Und er gehorchte. Er war für mich wie ein zweiter Vater. Und jetzt stand er auf der anderen Seite, mit Odysseus und Ajax, und das war absurd. So sagte ich, bevor er mit den anderen zu Agamemnon zurückkehrte: »Bleib bei mir, Phoenix, schlaf in meinem Zelt heute Nacht.« Ich sagte auch, er könne am nächsten Tag mit mir abfahren. Ich sagte, ich wolle ihn nicht dazu verpflichten, doch wenn er wolle, könne er mit mir abfahren und in unser Land zurückkehren.

»Glorreicher Achill«, erwiderte er mir, »wenn du wirklich an die Rückkehr denkst, wie könnte ich dann, mein Sohn, allein bleiben ohne dich? Jahrelang habe ich dich von ganzem Herzen geliebt. Ich habe aus dir das gemacht, was du bist. Weißt du noch? Mit keinem anderen wolltest du zu den Festen gehen, und zu Hause wolltest du nicht essen, wenn ich dich nicht auf den Schoß nahm und dir das Essen gab, das Fleisch aufschnitt, den Wein einschenkte. Du warst ein Kind. Warst oft unartig. Wie viele Male hast du mir den Wein auf meine saubere Tunika gespuckt. Aber jegliche Qual oder Mühe habe ich als Glück erlebt, wenn es um dich ging, denn du bist der Sohn, den ich nie werde bekommen können. Und wenn mich heute jemand vor dem Unglück retten kann, dann bist du es. Beuge dein stolzes Herz, Achill. Hab doch Erbarmen. Selbst die Götter beugen sich mitunter, und doch sind sie tausendmal stärker und größer als du. Und sie lassen sich von den Bitten der Menschen beschwichtigen, die ihnen, um ihre Fehler gutzumachen, Gebete, Trankopfer und Geschenke darbieten. Die Bitten sind Töchter des Zeus, sie hinken, sind einäugig und voller Runzeln, aber unter Mühen folgen sie den Spuren unserer Fehler, um zu versuchen, sie wiedergutzumachen. Sie sind Töchter des Zeus, hab Ehrfurcht vor ihnen: Wenn du sie abweist, kehren sie zu ihrem Vater zurück und bitten ihn, dich zu verfolgen. Agamemnon bittet dich, deinen Zorn aufzugeben: Hör auf diese Bitte. Lass dich nicht von deinem bösen Geist überwältigen. Komm und verteidige mit uns die Schiffe: Was nützt es, sie zu retten, wenn sie einmal in Flammen stehen?«

Phoenix.

Guter, alter Phoenix.

Liebe Agamemnon nicht, wenn du nicht von mir gehasst werden willst, der ich dich liebe. Heul mir nichts vor, zu seiner Verteidigung. Liebe die, die ich auch liebe, und sei mit mir König, teile meine Ehre mit mir. Lass die anderen zu den Achäern zurückkehren und ihnen meine Botschaft bringen. Du aber bleib hier und schlafe hier, und morgen früh werden wir beschließen, ob wir mit unseren Schiffen nach Hause fahren werden.

Da wandte sich Ajax an Odysseus und sagte: »Gehen wir weg von hier, auf diese Weise werden wir nichts erreichen. Der Sinn des Achill ist stolz und wild und nicht fähig, die Freundschaft anzunehmen, die wir ihm angeboten haben. Die Achäer warten auf eine Antwort von uns: Gehen wir und bringen sie ihnen, auch wenn es eine wahnsinnige und grausame Antwort ist.«

Ja, Ajax, das ist eine gute Idee. Geht zurück zu Agamemnon und sagt ihm von mir, ich werde in die Schlacht zurückkehren, wenn Hektor vor meinen Schiffen steht, nicht vor den euren. Hier vor meinem Zelt werde ich ihn aufhalten, nicht früher.

Sie gingen. Und ich konnte mir die Achäer-Fürsten vorstellen, wie sie in der Nacht um ein Feuer saßen und bestürzt meine Antwort hörten. Ich konnte sie sehen, wie sie dann einer nach dem anderen schweigend in ihre Zelte gingen und die rosenfingrige Morgenröte abwarteten und um das Geschenk des Schlafes bettelten.

DIOMEDES, ODYSSEUS

DIOMEDES

Wir schliefen alle neben unseren Schiffen, von der Müdigkeit übermannt. Aber Agamemnon wachte. Er fuhr fort zu denken, und je mehr er dachte, umso mehr bebte ihm das Herz in der Brust. Er schaute auf die Ebene von Troia, und was er sah, waren die Feuer der Troer, die zu Hunderten brannten. Sie waren so nahe, dass er die Stimmen der Soldaten, den Klang der Flöten und der Sackpfeifen hören konnte.

ODYSSEUS

So stand Agamemnon auf, die Angst im Herzen, er kleidete sich an, legte sich ein dunkles, weites Löwenfell um die Schultern, das bis zum Boden reichte, nahm seine Lanze und wollte Nestor aufsuchen. Vielleicht hatte er eine Idee, wie sie aus dieser Falle herauskommen konnten. Er war der Älteste und der Weiseste. Vielleicht würden sie zusammen einen Plan zur Rettung der Achäer aushecken. Er wollte ihn aufsuchen. In der Dunkelheit – es war Nacht – begegnete er seinem Bruder Menelaos. Er konnte auch nicht schlafen. Die Angst trieb ihn herum, weil er an das Leid dachte, zu dem er alle Achäer verurteilt hatte. Er war bewaffnet, die Lanze in der Faust, den Helm auf dem Kopf und ein geflecktes Pantherfell um die Schultern. Die beiden Brüder schauten einander an.

DIOMEDES

»Was machst du wach und noch dazu bewaffnet?«, fragte Menelaos. »Suchst du jemanden, um ihn ins troianische Lager zu schicken, damit er ihre Pläne ausspioniert? Da wird sich nicht leicht einer finden …«

»Ich suche einen Plan zur Rettung der Achäer«, erwiderte Agamemnon. »Was Hektor heute getan hat, habe ich noch nie einen Mann tun sehen. Was er uns angetan hat, werden wir so schnell nicht vergessen. Ich fürchte, unsere Leute werden uns nicht mehr lange treu bleiben, wenn sie so leiden müssen. Höre: Lauf entlang der Schiffe und rufe Ajax und Idomeneus. Und wo du vorbeikommst, sag den Männern, sie mögen wach bleiben, und behandle sie gut, sprich nicht mit Hochmut. Ich gehe zu Nestor und bitte ihn, zur Wache zu kommen und zu den Soldaten zu sprechen, zu ihm haben sie Vertrauen.«

ODYSSEUS

Menelaos lief weg, und Agamemnon ging zu Nestors Zelt. Er fand ihn auf einem weichen Bett liegend. Neben sich hatte er seine Waffen, den Schild, die zwei Lanzen, den funkelnden Helm. Und auch den bunten Gürtel, den er in jeder Schlacht trug, um seine Männer zu führen. Obwohl er alt war, hatte er sich nicht vom Alter beugen lassen. Und er kämpfte immer noch. »Wer bist du dort im Dunkeln?«, sagte Nestor, während er den Kopf hob. »Komm nicht näher, sag mir, wer du bist.«

»Ich bin Agamemnon, Nestor. Ich gehe hier durch die Nacht, weil sich der süße Schlummer nicht auf meine Augen senkt, der Gedanke an den Krieg und die Leiden der Achäer quälen mich. Ich habe Angst um uns, Nestor, mir zerspringt fast das Herz in der Brust, und mir zittern die Beine. Warum kommst du nicht mit mir zur Wache, sehen wir nach, ob wirklich so aufgepasst wird, wie es nötig ist; die Feinde sind so nahe und könnten heute Nacht aufs neue angreifen.«

»Agamemnon ... glorreicher Sohn des Atreus, Herr der Völkerschaften ... warum hast du Angst?«, erwiderte ihm der Alte. »Hektor kann doch nicht immer siegen, ich sage dir im Gegenteil, er wird viel schlimmere Pein erdulden als die, die er uns heute hat erleiden lassen. Wir müssen nur darauf warten, dass Achill wieder in die Schlacht kommt ... Komm, gehen wir zur Wache. Wecken wir auch die anderen, Diomedes, Odysseus, Ajax ...« Er wickelte sich in einen weiten, schweren purpurnen Umhang aus dichter Wolle und nahm die Lanze. Sie gingen zusammen, die anderen zu sammeln. Zu mir kamen sie als Erstem.

»Wer ist da im Dunkeln? Was sucht ihr?«

»Hab keine Angst, Odysseus. Ich bin Nestor, und mit mir ist Agamemnon. Steh auf und komm mit uns, wir müssen uns versammeln und beschließen, ob wir fliehen sollen oder noch weiterkämpfen.«

DIOMEDES

Mich fanden sie auf einem Ochsenfell liegend, noch bewaffnet, von meinen Leuten umgeben.

»Diomedes, wach auf! Wie kannst du schlafen, wo die Troer einen Schritt weit von unseren Schiffen ihr Lager haben?«

»Nestor, du bist wirklich schrecklich, schläfst du eigentlich nie? Gab es keinen Jüngeren, um die Achäer einen nach dem anderen zu wecken? Du wirst wirklich nie müde, oder?«

Zuletzt waren wir alle bei der Wache versammelt. Dort schlief keiner, alle wachten bewaffnet. Immer der Ebene zugewandt, warteten sie auf die Ankunft der Troer. Nestor blickte voller Stolz auf sie: »Wacht weiter so, meine Söhne; keiner lasse sich vom Schlaf überwältigen, und unsere Feinde werden nicht über uns lachen können.« Dann sprang er über den Graben und setzte sich an einem freien Platz auf den Boden, wo keine Leichen gefallener Krieger lagen. Es war mehr oder weniger die Stelle, wo Hektor stehengeblieben war, als es Nacht wurde. Wir alle folgten ihm und setzten uns dort nieder.

ODYSSEUS

»Freunde«, sagte Nestor, »ist einer unter euch, der so kühn und so selbstbewusst ist, ins troianische Lager vorzudringen und jemanden einzufangen oder zu ihren Absichten zu belauschen, ob sie vor unseren Schiffen weiterkämpfen oder sich wieder hinter ihren Stadtmauern verteidigen wollen? Wer dazu imstande ist und wohlbehalten zurückkehrt, wird sich großen Ruhm erwerben, alle Fürsten werden ihm reiche Geschenke machen, und von seiner Tat wird man bei jedem Festmahl, bei jedem Fest sprechen.«

DIOMEDES

»Ich habe den Mut und die Kühnheit«, sagte ich. »Mir kann es gelingen. Gebt mir einen Gefährten, und ich werde es schaffen. Zu zweit habe ich noch mehr Mut. Und zwei Köpfe sind besser als einer.« Da boten sich alle an, alle Fürsten erklärten sich bereit, mir zu folgen. Agamemnon sah mich an und sagte, ich müsse selbst wählen. Er sagte auch, ich solle nicht glauben, ich würde jemanden beleidigen, ich solle nur frei entscheiden, es spiele keine Rolle, wenn ich jemanden aus einer weniger vornehmen Familie wählte, niemand würde sich gekränkt fühlen. Er dachte an Menelaos, versteht ihr? Er hatte Angst, ich könnte sein Brüderlein wählen … aber ich sagte: »Ich will Odysseus. Denn er hat Mut und ist schlau. Wenn er mitkommt, können wir auch Feuer und Brand vermeiden, denn er versteht es, sein Gehirn einzusetzen.«

ODYSSEUS

Er begann mich vor allen zu loben, aber ich sagte, er solle aufhören. Ich sagte zu ihm, es sei besser, gleich aufzubrechen, denn die Sterne hatten schon einen langen Weg hinter sich, und das Morgengrauen war nicht mehr fern. Was von der Nacht noch übrig blieb, war alles, was wir hatten.

Wir rüsteten uns mit schrecklichen Waffen. Dem Diomedes gab Trasimedes ein zweischneidiges Schwert und einen Schild. Meriones gab mir Bogen, Pfeil und Schwert. Wir trugen beide einen ledernen Helm: keine Bronze, kein Widerschein sollte uns in der Nacht verraten. Als wir weggingen, hörten wir in der Nacht den Schrei eines Reihers. Ich dachte, das sei ein Zeichen der Götter, und auch diesmal sei Athene, die strahlende

Göttin, mit mir. »Lass mich wohlbehalten zu den Schiffen zurückkehren, Göttin und Freundin, und hilf mir, etwas zu vollführen, das die Troer nicht mehr vergessen können.« Wir liefen schweigend durch die schwarze Nacht wie ein Löwenpaar, vorbei an Leichenbergen und aufgestapelten Waffen und Pfützen von schwarzem Blut.

DIOMEDES

Da sagt Odysseus plötzlich: »Diomedes, Diomedes, hörst du das Geräusch? Dort ist jemand, der läuft vom troianischen Lager weg und zu unseren Schiffen ... Sei still, lassen wir ihn näher kommen, und wenn er nahe bei uns ist, packen wir ihn, einverstanden?«

»Einverstanden«, sage ich.

»Und wenn er weglaufen will, schneiden wir ihm von hinten den Weg ab, so dass er nicht mehr zurückkann, und wir treiben ihn weit weg von seinem Zuhause. Los.«

ODYSSEUS

Wir gingen vom Weg aufs freie Feld, wo überall Leichen lagen. Und sofort sahen wir den Mann, der ausgerechnet vor uns dahinlief. Wir liefen ihm nach. Er hörte uns, blieb stehen, vielleicht dachte er, wir wären auch Troer, jemand, der ihm zu Hilfe geschickt worden war. Aber als wir einen Lanzenwurf von ihm entfernt waren, begriff er, wer wir waren, und begann davonzulaufen. Und wir hinter ihm her.

DIOMEDES

Wie zwei Jagdhunde. Hinter der Beute her, ohne je von ihr abzulassen, durch den dichten Wald, einem fliehenden Reh und einem Hasen nach … Das Problem war, dass der Kerl schon fast an der Mauer war, direkt auf unsere Wachen zulief. Nein, nicht doch. Nach dem Gehetze mir die Beute wegschnappen lassen, nein. So fange ich an zu schreien, renne aber weiter: »Bleib stehen oder ich bringe dich um mit meiner Lanze, ich schwör's, stehen bleiben oder du bist tot!«, und ich schleudere die Lanze, ziele aber ein wenig in die Höhe, ich wollte ihn nicht töten, wollte nur, dass er stehen bleibt, die Lanze fliegt über seinen Kopf und er …bleibt stehen. Das funktioniert immer.

ODYSSEUS

Er stammelte, die Zähne klapperten ihm vor Angst. »Tötet mich nicht, mein Vater zahlt jedes Lösegeld. Er hat jede Menge Gold, Bronze und wohlgearbeitetes Eisen.« Er flehte und weinte. Er hieß Dolon, Sohn des Eumedes.

DIOMEDES

An seiner Stelle hätte ich ihn umgebracht. Doch wie ich schon sagte, ließ Odysseus sein Hirn arbeiten. So stehe ich daneben, während Odysseus ihn ausfragt. »Hör auf zu flennen und sag mir lieber, warum du hier unterwegs bist, fern von deinem Lager. Wolltest du dir die Waffen von den Leichen nehmen oder bist du ein Spion, den Hektor zu unseren Schiffen geschickt hat, um uns auszuhorchen?« Er hörte nicht auf zu weinen. »Hektor ist schuld, er hat mich hintergangen. Er hat mir als Geschenk den Wagen und die Pferde des Achill versprochen, ich schwöre es, und dafür hat er verlangt, dass ich zu euren Schiffen gehe und spioniere. Er wollte wissen, ob Wachposten zum Schutz des Lagers aufgestellt sind oder ob euer einziger Gedanke jetzt die Flucht ist, oder ob ihr vor Müdigkeit oder aus Schmerz über die verlorene Schlacht alle schlafen würdet.« Odysseus musste lachen: »Die Pferde des Achill? Das willst du, nichts weniger als die Pferde des Achill? Meinen Glückwunsch: Es dürfte nicht leicht sein, sie in Schach zu halten und zu lenken, für einen einfachen Mann wie dich. Achill wird kaum mit ihnen fertig, und er ist ein Halbgott ...«

ODYSSEUS

Wir horchten ihn aus. Wir wollten wissen, wo Hektor war, wo er Waffen und Pferde hatte und was er vorhatte, ob er wieder angriff oder sich in die Stadt zurückzog. Dolon hatte Angst. Er erzählte alles, verbarg nichts. Er sagte, Hektor halte beim Grab des Ilos Rat mit seinen Weisen. Und er beschrieb uns das Lager und wie die Troer und ihre Verbündeten angeordnet waren. Er nannte jeden Einzelnen beim Namen und sagte, wo ihr Platz war. Schließlich stieß er hervor: »Hört auf mit euren Fragen. Wenn es euer Ziel ist, dort einzudringen und jemanden zu schlagen, dann geht zu den Thrakern, die sind noch nicht lange da, sind isoliert und auf einer Seite ungedeckt. Und ihr König Rhesos ist mitten unter ihnen. Er kämpft mit goldenen Waffen, hinreißend und wunderbar anzusehen, die Waffen eines Gottes, nicht eines Mannes. Ich habe seine Pferde gesehen, sie sind groß, sehr schön, weißer als der Schnee und schnell wie der Wind; sein Wagen ist mit Gold und Silber verziert. Ihn greift an. Und jetzt bringt mich zu den Schiffen und fesselt mich dort bis zu eurer Rückkehr, wenn ihr wissen werdet, ob ich euch angelogen habe.«

DIOMEDES

Er meinte, er würde so davonkommen, versteht ihr? »Meinst du, dass du so davonkommst, Dolon? Das kannst du vergessen. Du hast uns einen Haufen nützliches Zeug gesagt, danke. Aber Tatsache ist, dass du leider in meinen Händen bist. Wenn ich dich laufen lasse, weißt du, was dann passiert? Dann treffe ich dich morgen wieder hier als Spion, oder schlimmer, du stehst plötzlich in voller Rüstung in der Schlacht vor mir und willst mich töten. Wenn ich dich aber jetzt umbringe, dann passiert morgen nichts von alledem.« Und ich schneide ihm mit dem Schwert säuberlich den Kopf ab, er redete noch mit seinem dummen Mund und streckte die Hand flehend aus, und ich schneide ihm mit dem Schwert den Kopf ab und sehe, wie er in den Staub rollt. Ich sehe noch, als wäre es jetzt, vor mir, wie Odysseus den Leichnam packt, hochhebt und der Athene opfert. »Das ist für dich, beutegierige Göttin«, sagt er und hängt ihn an einen Tamariskenbaum, und er bindet Schilf und blühende Zweige um ihn herum, so dass wir ihn später wiederfinden und ins Lager bringen können, als Trophäe!

ODYSSEUS

Dann liefen wir vorbei an den Leichen, den liegengebliebenen Waffen, dem schwarzen Blut überall, bis wir zum Lager der Thraker kamen. Dolon hatte nicht gelogen. Sie schliefen alle, von der Müdigkeit übermannt. Die Waffen hatten sie neben sich auf den Boden gelegt, ordentlich in drei Reihen. Jeder Krieger hatte seine Pferde in seiner Nähe. Genau in der Mitte schlief Rhesos. Seine herrlichen Pferde waren mit den Zügeln an den Rand des Wagens gebunden.

DIOMEDES

Da sagt Odysseus zu mir: »Diomedes, schau ihn dir an, das ist er, Rhesos, und das sind die Pferde, von denen Dolon erzählt hat. Jetzt ist es so weit: Verwende die Waffen, die du bis hierher mitgenommen hat. Kümmere du dich um die Leute, ich kümmere mich um die Pferde.« So sagt er. Und ich erhebe mein Schwert und beginne zu töten. Sie schliefen alle, versteht ihr? Ich war wie ein Löwe, der auf eine Herde ohne Hirten stößt und sich wutschnaubend mitten hineinwirft ... Ich bringe sie um, einen nach dem anderen, Blut überall, einen nach dem anderen, zwölf bringe ich um. Und jedes Mal, wenn ich einen umbringe, sehe ich, dass Odysseus ihn bei den Füßen packt und ihn beiseiteschafft, mit was für Gedanken der sich beschäftigte, er schafft die Leichen weg, weil er schon an die Pferde des Rhesos dachte, die waren gerade erst in die Schlacht gekommen, noch nicht gewöhnt an Leichen und Blut, und so, mit was für Gedanken der sich beschäftigte, machte er den Weg frei, um sie wegführen zu können, ohne dass sie nervös wurden, weil sie einen Toten zwischen ihre Hufe bekamen oder das rote Blut ihnen ins Auge stach. Odysseus ... Na gut, am Schluss stehe ich vor Rhesos. Er schlief und träumte, hatte einen Albtraum, er redete und bewegte sich, ich glaube, er träumte von mir, gewiss, er träumte von Diomedes, dem Sohn des Tydeus, dem Enkel des Oineus – und der Traum tötete ihn, mit dem Schwert tötete ich ihn –, während Odysseus die Pferde mit den kräftigen Hufen losmacht und sie mit dem Bogen anspornt, eine Peitsche hat er ja nicht, um sie anzutreiben, stell dir vor, und so führt er sie weg, und dann pfeift er mir aus der Ferne, weil er will, dass wir von da weggehen, so schnell wie möglich, er pfeift mir, aber ich weiß nicht, da steht noch der Wagen, der phantastische Wagen des Rhesos, aus Gold und Silber, ich könnte ihn an der Deichsel packen oder hochheben, das könnte ich schon, aber Odysseus ruft mich, wenn ich bleibe, muss ich noch mal töten, und es ist nicht gesagt, dass ich lebend davonkomme, ich würde gern noch töten, töten, ich sehe Odysseus auf ein Pferd springen, genau auf den Rücken, er hält die Zügel in der Hand und schaut mich an, zum Teufel mit dem Wagen, zum Teufel mit den Thrakern, weg von hier, bevor es zu spät ist, ich renne zu Odysseus, springe auf den Rücken des Pferdes und wir reiten, ich und er, schnell zu den schnellen Schiffen der Danaer.

ODYSSEUS

Als wir zu der Stelle kamen, wo wir den Spion getötet hatten, den Mann, der Dolon hieß, hielt ich die Pferde an. Diomedes stieg ab, nahm den blutigen Leichnam und gab ihn mir. Dann stieg er wieder aufs Pferd, und wir galoppierten bis zum Graben und zur Mauer und zu unseren Schiffen. Als wir ankamen, drängten sich alle um uns, schrien, drückten uns die Hände, wollten wissen. Der alte Nestor, das verstand man, hatte Angst gehabt, uns nie wiederzusehen: »Odysseus, erzähle uns, wo habt ihr diese Pferde genommen, habt ihr sie den Troern gestohlen oder hat sie euch ein Gott geschenkt, sie scheinen wie Sonnenstrahlen, wahrhaftig, ich bin doch immer unter den Troern – denn ich bleibe nicht auf den Schiffen und warte, auch wenn ich schon alt bin – und solche Pferde habe ich in der Schlacht noch nie gesehen.« Und ich erzählte, denn das ist mein Geschick, und nichts verschwieg ich, von dem Spion, dem Rhesos, den zwölf Männern, die Diomedes getötet hatte, und von den herrlichen Pferden. Am Ende passierten wir den Graben, und ich begleitete Diomedes in sein Zelt. Wir banden die Pferde an der Krippe fest, neben seinen Pferden, und gaben ihnen süßestes Korn. Dann warfen wir uns ins Meer, ich und er, um Blut und Schweiß von den Beinen, den Schenkeln und vom Rücken wegzuwaschen, und nachdem die Meereswellen uns gereinigt hatten, legten wir uns in glatt geschliffene Wannen zum Ruhen und zur Erquickung unserer Herzen. Gewaschen und mit Olivenöl gesalbt, setzten wir uns zu Tisch und tranken süßen Wein.

DIOMEDES

Den Spion aber, seinen blutigen Leichnam, legte Odysseus auf das Heck seines Schiffes. Das ist für dich, Athene, beutegierige Göttin.

PATROKLOS

Mein Name ist Patroklos, Sohn des Menethios. Vor Jahren musste ich, da ich einen gleichaltrigen Jungen getötet hatte, mein Land verlassen und kam mit meinem Vater nach Phthia, wo der starke und weise Peleus regierte. Der König hatte einen Sohn: der hieß Achill. Über ihn waren seltsame Legenden in Umlauf. Seine Mutter, so hieß es, sei eine Göttin. Aufgewachsen sei er, ohne die Milch einer Frau gekostet zu haben, ernährt von den Innereien der Löwen und dem Mark der Bären. So soll er der Krieger geworden sein, ohne den Troia nie hätte erobert werden können. Heute sind seine Gebeine mit den meinen vermischt, bestattet auf der weißen Insel. Sein Tod gehört ihm. Der meine begann, als die Morgenröte aufstieg nach der Nacht, in der Odysseus und Diomedes die herrlichen Pferde des Rhesos gestohlen hatten. Beim ersten Tageslicht stellte Agamemnon das Heer für die Schlacht auf. Er befahl, dass sich die Wagenlenker diesseits des Grabens aufstellten und die Krieger zu Fuß den Graben überquerten und sich am anderen Ufer zu Schlachtreihen ordneten. Alle gehorchten, außer uns Myrmidonen, weil Achill nicht wollte, dass wir kämpften. Ich blieb vor unserem Zelt. In der Ebene, die sich vor uns ausbreitete, sah ich, wie sich die Troer um ihre Anführer drängten. Ich erinnere mich an Hektor, er erschien und verschwand unter seinen Soldaten wie ein Stern, der durch die Wolken eines trüben nächtlichen Himmels leuchtet. *Alles, was ich an dem Tag aus der Ferne sah und was ich erzählen hörte, sollt ihr jetzt hören, wenn ihr verstehen wollt, welchen Todes es mir gefiel zu sterben.*

Die beiden Heere prallten aufeinander. Die Männer rückten vor: ohne Angst, ohne Fluchtgedanken, mit unerbittlicher Ruhe wie Tausende von Schnittern, die geordnet der Erdfurche folgen und niedermähen, was sie auf ihrem Weg finden. Die ganze Zeit während des Sonnenaufgangs fielen Männer und glänzten Waffen, ohne dass eines der beiden Heere die Übermacht über das andere gewann. Aber als das Sonnenlicht sich vom Horizont loslöste, brachen die Achäer unvermutet in die Reihen der Troer ein. Mit unerhörter Kraft riss sie Agamemnon mit, als wäre dies der Tag seines Ruhms. Er tötete alles, was er auf seinem Weg fand: zuerst Bienor, dann Oileos, dann Isos und Aniphos, zwei Söhne des Priamos. Als plötzlich Peisandros und der unerschütterliche Hippolochos auf ihrem Wagen nebeneinander vor ihm standen, zerrte er sie zu Boden und sprang auf sie wie ein Löwe, der in die Höhle des Hirschen mit seinen Hauern eindringt und die Jungen umbringt. Sie begannen zu flehen, sie am Leben zu lassen, ihr Vater Antilochos würde ungeheure Schätze als Lösegeld bezahlen. Aber Agamemnon sagte: »Wenn ihr wirklich die Söhne des Antilochos seid, dann bezahlt für die Schuld eures Vaters, der in der Versammlung der Troer, als mein Bruder seine Gemahlin wiederhaben wollte, dafür stimmte, ihn zu töten und seine Leiche nach Hause zurückzuschicken.« Und er schlug Peisandros mit der Lanze in die Brust. Und Hippolochos hieb er mit dem Schwert die Arme und dann den Kopf ab und ließ ihn wie einen Baumstamm in den Staub der Schlacht rollen.

Wo das Gedränge stärker war, warf er sich hinein, und hinter ihm liefen die Achäer und schlugen den Troern die Köpfe ab. Die Fußsoldaten töteten die Fußsoldaten, die Reiter töteten die Reiter, und die Pferde mit dem stolzen Haupt liefen, leere Wagen ziehend, in Trauer um die Wagenlenker, die jetzt am Boden lagen, von den Aasgeiern mehr geliebt als von ihren

Gemahlinnen. Bis zum Grab des Ilos in der Mitte der Ebene drängte Agamemnon die Troer zurück, und dann noch weiter, so dass sie bis zu den Stadtmauern vor den Skäischen Toren flohen. Bis dahin verfolgte er sie, rasend und schreiend, die Hände voller Blut. Die Troer flohen und sahen aus wie wild gewordene Kühe, die den Geruch des Löwen gewittert haben. Hektor musste vom Wagen springen, schreien und die Seinen zur Schlacht anfeuern. Eine Weile liefen sie nicht mehr davon und stellten sich wieder auf. Die Achäer schlossen ihre Reihen. Die beiden Heere standen einander erneut gegenüber und blickten sich in die Augen.

Noch einmal war es Agamemnon, der als Erster angriff. Ihm entgegen warf sich Iphidamas, der Sohn Antenors, groß und tapfer, aufgewachsen auf dem fruchtbaren Boden Thrakiens. Agamemnon schleuderte die Lanze nach ihm, verfehlte aber den Wurf, und die Lanzenspitze endete im Nichts. Da packte Iphidamas seinerseits die Lanze, warf sich auf Agamemnon und traf ihn. Die Spitze bohrte sich unter den Panzer und blieb im Gürtel stecken. Iphidamas stieß mit allen seinen Kräften, damit die Spitze durch das Leder ins Fleisch eindringe. Aber Agamemnons Gürtel hatte Silberbeschläge, und das Silber gab nicht nach, Iphidamas versuchte es mit allen seinen Kräften, aber es gelang ihm nicht, den Gürtel aufzureißen. Da packte Agamemnon mit beiden Händen die Lanze, und wild geworden wie ein Löwe entriss er sie schließlich dem Iphidamas, und als er ihn so entwaffnet hatte, nahm er sein Schwert und traf ihn genau hier am Hals und nahm ihm das Leben. So fiel er, der Unglückselige, und entschlummerte in einem bronzenen Schlaf. Nicht weit von dort war sein älterer Bruder. Er hieß Koon. Er sah Iphidamas liegen, und ein entsetzlicher Schmerz trübte seinen Blick. Da näherte er sich Agamemnon, aber ohne sich sehen zu lassen, und er überrumpelte ihn und traf ihn mit der Lanze genau unter dem Ellbogen. Die glänzende Spitze drang ins Fleisch zur bis anderen Seite. Agamemnon erschauderte, lief aber nicht davon. Er sah, dass Koon den Leichnam seines Bruders, ihn bei den Knöcheln haltend, wegschleifte, und er warf sich auf ihn, drang mit der Lanze unter dem Schild ein und durchbohrte ihn. Koon stürzte genau auf den Leichnam seines Bruders. Und dort hob Agamemnon seinen Kopf hoch und trennte ihn mit einem Hieb vom Leib. So erfüllten die zwei Söhne Antenors, einer neben dem anderen, ihr Geschick und stiegen hinab in das Reich des Hades.

Agamemnon kämpfte weiter mitten im Gewühl, aber seine Wunde blutete, und der Schmerz wurde immer unerträglicher. Schließlich rief er seinen Wagenlenker zu Hilfe, und als er auf den Wagen stieg, befahl er ihm, die Pferde schnell zu den bauchigen Schiffen hin zu lenken. Mit der Angst im Herzen und mit der letzten Kraft, die ihm geblieben war, rief er den Achäern zu: »Kämpft für mich und verteidigt unsere Schiffe!« Dann peitschte der Wagenlenker die Pferde mit den schönen Mähnen, und mit einem Schwung schienen sie zu fliegen, mit schaumbedeckter Brust und staubbedeckt flogen sie und brachten den leidenden König weit weg von der Schlacht.

»Troer, der heute der Stärkste war, ist jetzt ausgeschieden!«, schrie Hektor. »Jetzt sind wir dran, uns Ruhm zu holen. Spornt die Pferde an und stürzt euch auf die Achäer. Es erwartet uns der größte Triumph.« Und er zog sie alle hinter sich her und stürzte sich in den Kampf wie ein Sturmwind, der über das veilchenfarbene Meer hereinbricht. Es war unheimlich anzusehen, wie die Köpfe der achäischen Krieger einer nach dem anderen unter seinem Schwert davonrollten. Es starb Asaios als Erster, dann Autonoos und Opites und Dolops, Sohn des Klytios, und Opheltios und Agelaos, Aisymnos, Oros und der tapfere Hipponoos, und viele andere Namenlose im Gewühl. Die Köpfe rollten, wie bei einem Sturm die Wogen rollen, wenn das Meer bei einem Unwetter in hohen Wellen aufschäumt.

Es war das Ende. Es schien unser Ende zu sein. Mitten in der Flucht der Achäer blieb Odysseus stehen, und als er in seiner Nähe Diomedes sah, schrie er ihm zu: »Diomedes, verdammt noch mal, was ist hier los? Haben wir unsere Kraft und unseren Mut vergessen? Komm her, kämpfe an meiner Seite, du wirst doch nicht fliehen wollen?« »Ich fliehe nicht«, antwortete Diomedes, während er mit einem Lanzenstoß den Thymbraios von seinem Wagen warf und umbrachte. »Ich fliehe nicht, aber ohne die Hilfe des Himmels kommen wir hier nicht lebend davon.« Dann kämpften sie zusammen und waren wie zwei stolze Wildschweine, die sich wütend auf eine Meute von Jagdhunden werfen. Als die Achäer sie sahen, fassten sie wieder Mut, und einen Augenblick schien das Geschick der Schlacht sich zu wenden. Aber auch Hektor sah sie. Und schreiend stürmte er durch die Kampfreihen auf sie zu. »Das Unglück rückt uns auf den Leib«, sagte Diomedes zu Odysseus. »Bleiben wir stehen und warten wir hier. Wenn es uns will, werden wir uns wehren.« Er wartete, bis Hektor ziemlich nahe herangekommen war, dann zielte er auf den Kopf und schleuderte seine Lanze, die einen langen Schatten warf. Die bronzene Spitze traf den oberen Teil des Helms und prallte auf der Erde auf. Hektor machte einen Schritt zurück und fiel aufs Knie, von dem Schlag betäubt. Und während Diomedes nach seiner Lanze lief, gelang es ihm aufzustehen, auf den Wagen zu springen und in die Reihen der Seinen zu entfliehen.

»Hund, Hektor, du hast es wieder geschafft, dem Tod zu entwischen«, schrie Diomedes hinter ihm her. »Aber ich sage dir, das nächste Mal bringe ich dich um, wenn mir nur die

Götter beistehen, so wie sie dir heute geholfen haben.« Und dann metzelte er jeden nieder, der in seine Nähe kam. Er hätte nicht mehr aufgehört, doch aus der Ferne sah ihn Paris, der im Schutz einer Säule beim Grabmal des Ilos stand. Er spannte seinen Bogen und schoss. Der Pfeil traf Diomedes am rechten Fuß, er drang durch das Fleisch und blieb im Boden stecken.

»Jetzt habe ich dich getroffen, Diomedes!« Paris war aus seinem Versteck hervorgetreten, und nun schrie und lachte er. »Nur schade, dass ich dir nicht den Bauch aufgeschlitzt habe, die Troer würden dann nicht mehr vor dir zittern.« Er lachte.

»Feiger Bogenschütze«, erwiderte Diomedes, »alberner Verführer, komm her und schlag dich mit mir, statt aus der Ferne deine Pfeile zu schießen. Am Fuß hast du mich gekratzt und prahlst damit. Doch schau mich an, mir ist deine Wunde egal, als hätte mich eine Frau oder ein Rotzbengel getroffen. Wusstest du vielleicht nicht, dass die Pfeile der Feiglinge keine Spitzen haben? Meine Lanze dagegen hat eine, und sie trifft tödlich: Die Frauen werden Witwen und die Kinder Waisen, und die Leichen der Väter verwesen für die Aasgeier.« So schrie er. Und währenddessen stellte sich Odysseus zwischen ihn und die Troer, um ihn zu schützen. Diomedes setzte sich auf den Boden und zog sich den blutigen Pfeil aus dem Fleisch. Schrecklich war der Schmerz, der ihn durchdrang. So stieg er auf den Wagen, das Herz voll Kummer, und musste aus der Schlacht ausscheiden.

Odysseus sah, wie er sich entfernte. Er war allein geblieben, verlassen vom Freund und von allen achäischen Kriegern, die aus Angst davongerannt waren. Um ihn herum waren nur Troer, wie Hunde, die ein aus dem Wald getretenes Wildschwein einkreisen. Und Odysseus hatte Angst. Er hätte sich davonmachen können. Aber er tat es nicht. Mit einem Satz sprang er auf Deiopites und traf ihn. Dann tötete er Thoon und Ennomos und Chersidamas. Mit der Lanze verwundete er Charops, und er gab ihm den Todesstoß, als zu seiner Verteidigung sein Bruder Sokos herbeieilte. Sokos schleuderte die Lanze, und die bronzene Spitze drang durch den Schild des Odysseus, bohrte sich in den Panzer und riss ihm an der Hüfte die Haut auf. Odysseus wich zurück. Er merkte, dass er getroffen war. Er hob seine Lanze hoch. Sokos hatte sich umgedreht und versuchte davonzulaufen. Odysseus schleuderte, und die Lanzenspitze traf Sokos zwischen den Schultern, bohrte sich durch bis zur Brust. »Weder dein Vater noch deine Mutter werden dir die Augen schließen«, sagte Odysseus, »die Vögel werden sie dir unter heftigem Flügelschlagen zerhacken.« Dann packte er mit beiden Händen die Lanze des Sokos und riss sie sich aus dem Fleisch. Er spürte einen grässlichen Schmerz und sah das Blut aus der Wunde spritzen. Auch die Troer sahen ihn, und sie kreisten ihn ein, während sie einander anfeuerten. Da schrie Odysseus. Dreimal, mit der ganzen Kraft, die er im Leib hatte, schrie er: Hilfe! Hilfe! Hilfe!

Aus der Ferne hörte ihn Menelaos. »Das ist die Stimme von Odysseus.« Sofort nahm er Ajax, der neben ihm war, und sagte: »Das ist Odysseus, der um Hilfe ruft, los, stürzen wir uns ins Gefecht und retten wir ihn.« Als sie ihn fanden, schlug er sich wie ein Löwe, der von Schakalen angefallen wird, und hielt sich den Tod mit der Lanze vom Leib. Ajax lief an seine Seite und hob den Schild hoch, um ihn zu schützen. Und inzwischen trat Menelaos zu ihm, nahm ihn bei der Hand, schob ihn zu den Wagen und Pferden, die ihn in Sicherheit bringen sollten. Ajax blieb und kämpfte, unter den Troern große Verwirrung stiftend. Er tötete Doryklos, dann verwundete er Pandokos, dann Lysandros und Pyrasos und Pylartes: wie ein reißender Fluss aus den Bergen, der die Ebene überschwemmt, der Eichen, Pinien und Schlamm bis zum Meer mitreißt. Aus der Ferne sah man, wie sein riesiger Schild mitten in der Schlacht schaukelte. Und aus der Ferne sah ihn Hektor, der an der linken Flanke der Achäer am Ufer des Skamander kämpfte. Er sah ihn, und da hieß er seinen Wagenlenker die Pferde antreiben und fuhr geraden Wegs auf ihn zu. Der Wagen flitzte durch die Schlacht, über Leichen und Schilde; das Blut spritzte auf unter den Rädern und den Hufen, bis an die Ränder des Wagens und darüber hinaus. Ajax sah ihn kommen und bekam Angst. Verwirrt warf er sich seinen riesigen siebenhäutigen Schild auf den Rücken und machte sich auf den Rückzug; sich immer wieder umblickend und die Schüsse der Troer erwidernd, floh er weiter, blieb stehen, drehte sich erneut um und kämpfte, während die auf ihn hagelnden, nach Fleisch gierenden feindlichen Lanzen in seinem Schild oder im Boden steckenblieben – er gegen alle, wie ein Löwe, der von seiner Beute fliehen muss, wie ein geduldiger Esel unter den Schlägen der Kinder.

Und Achill rief mich.

Er stand auf dem Heck des Schiffes und beobachtete von dort aus die furchtbare Schlacht, die schmerzliche Niederlage. Er hatte Nestors Wagen wie einen Blitz dahinflitzen sehen und auf dem Wagen einen Verwundeten, der ihm wie Machaon vorgekommen war. Machaon war mehr wert als hundert Mann, nur er konnte die Pfeile aus dem Fleisch ziehen und die Wunden mit schmerzlindernden Arzneien behandeln. So sagte Achill zu mir: »Lauf zu Nestors Zelt, sieh nach, ob es wirklich Machaon ist, ob er noch lebt oder sterben wird.«

Und ich ging hin. Schnell lief ich an den Schiffen am Meer entlang. Wer hätte sich vorstellen können, dass ich schon begonnen hatte zu sterben?

Ich kam zu Nestors Zelt. Er erhob sich von seinem glänzenden Sitz und bat mich einzutreten. Aber ich wollte nicht,

Achill erwartete mich mit einer Antwort, wollte etwas über Machaon erfahren. »Seit wann hat Achill Mitleid mit den verwundeten Achäern?«, fragte Nestor. »Vielleicht weiß er nicht, dass die Zelte voll Verwundeter sind, an diesem Tag der Niederlage. Diomedes, Odysseus, Agamemnon, alle verwundet. Eurypylos von einem Pfeil in den Schenkel getroffen. Und Machaon auch von einem Pfeil durchbohrt, ich habe ihn gerade aus der Schlacht herausgeholt. Aber Achill ist das alles egal, oder? Wartet er vielleicht, um Mitleid zu haben, dass die Schiffe am Meer brennen? Dass wir alle getötet werden, einer nach dem anderen? Dann wird er weinen ... Freund, weißt du noch, was dein Vater gesagt hat, als ihr, du und Achill, zu diesem Krieg aufgebrochen seid? ›Mein Sohn‹, hat er gesagt, ›Achill ist höherer Abstammung als du, aber er ist noch ein kleiner Junge, und du bist größer als er. Lenke ihn, er wird auf dich hören. Auch wenn er viel stärker ist als du, gib ihm weise Ratschläge, er wird auf dich hören.‹ Weißt du noch? Offenbar nicht. Erinnere Achill daran, wenn er wirklich auf dich hört. Und wenn er sich wirklich auf seinen Zorn versteift, dann hör zu, mein Junge: Sag ihm, er soll dir seine wunderbaren Waffen geben, leg sie an und geh in die Schlacht mit seinen Myrmidonen-Kriegern. Die Troer werden dich mit ihm verwechseln und vor Schreck den Kampf aufgeben. Eine Weile können wir dann Atem holen; manchmal genügt in der Schlacht ein Nichts, um wieder Mut und Kraft zu schöpfen. Seine Waffen, Patroklos, lass dir seine Waffen geben.«

Ich lief weg. Ich musste zurück zu Achill. Und ich lief weg. Ich weiß noch, bevor ich zu ihm kam, hörte ich, während ich am Zelt des Odysseus vorbeilief, eine Stimme, die mich rief, ich drehte mich um und sah Eurypylos, der einen Pfeil im Schenkel stecken hatte und sich so aus der Schlacht geschleppt hatte, das schwarze Blut lief ihm über das Bein, den Kopf und die schweißbedeckten Schultern. Ich hörte seine Stimme sagen: »Es gibt keinen Ausweg mehr für uns.« Und dann leise: »Rette mich, Patroklos!«

Und ich rettete ihn. *Ich rettete sie, alle, mit meinem Mut und mit meinem Wahnsinn.*

SARPEDON, AJAX, SOHN DES TELAMON, HEKTOR

SARPEDON

Da war dieser Graben, den die Achäer rings um die Mauer zum Schutz ihrer Schiffe angelegt hatten. Hektor schrie uns zu, wir sollten ihn überqueren, aber die Pferde wollten nichts davon wissen, sie stemmten sich auf die Hufe und wieherten, völlig verschreckt. Die Wälle waren steil, und die Achäer hatten an den Rändern spitze Pfähle eingerammt. Der Gedanke, mit unseren Wagen dorthin zu fahren, war heller Wahn. Pulydamas sagte zu Hektor, es sei zu gefährlich, dort mit den Streitwagen hinunterzufahren, und wenn die Achäer uns angreifen würden, wären wir mitten im Graben, wie in einer Falle, es würde ein Blutbad geben. Wir könnten höchstens von den Wagen steigen, sie vor dem Graben stehen lassen und zu Fuß angreifen. Hektor gab ihm recht. Er stieg selbst vom Wagen und befahl allen, dasselbe zu tun. Wir stellten uns in fünf Gruppen auf. Hektor befehligte die erste. Paris die zweite. Helenos die dritte. Aeneas die vierte. Die fünfte war die meine. Wir waren bereit zum Angriff, aber in Wahrheit hielt uns noch etwas am Rand des Grabens zurück, so dass wir zögerten. Ausgerechnet in dem Augenblick erschien am Himmel ein Adler, flog in der Höhe über uns, hatte in seinen Krallen eine riesige Schlange, die blutete, aber noch lebendig war. Auf einmal wendete sich die Schlange und biss den Adler in die Brust, ganz nahe am Hals; und der ließ vom Schmerz durchzuckt die

Beute fallen, als würde er sie wegwerfen, ausgerechnet mitten unter uns, und flog unter schrecklichem, heiserem Geschrei weit fort. Wir sahen, wie die gefleckte Schlange mitten unter uns auf die Erde fiel, und wir erschauderten alle. Pulydamas lief zu Hektor und sagte zu ihm: »Hast du den Adler gesehen? In dem Moment, in dem wir in den Graben hintersteigen wollten, flog er über uns. Und hast du's gesehen? Er musste seine Beute fallen lassen, konnte sie nicht zu seinen Jungen im Nest bringen. Weißt du, Hektor, was uns ein Wahrsager sagen würde? Dass auch wir meinen, die Beute in der Hand zu haben, sie uns aber entgleiten wird. Vielleicht schaffen wir es bis zu den Schiffen, aber es wird uns nicht gelingen, sie zu erobern, und wenn wir einmal jenseits des Grabens sind, würde der Rückzug zu einem Massaker.« Hektor sah ihn wutentbrannt an. »Pulydamas, ist das ein Scherz oder bist du verrückt geworden? Ich glaube der Stimme des Zeus, nicht dem Flug der Vögel. Und seine Stimme hat mir den Sieg versprochen. Vögel ... Die einzige Vorahnung, der ich Glauben schenke, ist der Wille, für mein Vaterland zu kämpfen. Du hast Angst, Pulydamas. Aber hab keine Sorge: Auch wenn wir alle unter dieser Mauer sterben würden, riskierst du nichts, denn du würdest bei deiner Feigheit nicht einmal dort ankommen.« Dann rückte er vor zum Graben und wir alle hinter ihm her.

AJAX

Da erhob sich ein furchterregender Sturmwind. Überall flog Staub bis zum Deck der Schiffe hoch. Die Troer gingen durch den Graben und fielen über unsere Mauer her. Sie erschütterten die Zinnen der Türme, schlugen die Brustwehr ein, versuchten die Pfeiler auszureißen, die das Ganze trugen. Wir standen oben und schützten uns mit unseren ledernen Schilden und schlugen zu, so oft wir konnten. Steine flogen überall wie Schneeflocken in einem Wintersturm. Wir hätten es schaffen können, die Mauer hielt gut, aber dann kam Sarpedon. Mit einem riesigen Schild aus Bronze und Gold, den er vor sich hielt, und zwei Lanzen in der Faust. Er fiel über uns her wie ein hungriger Löwe.

SARPEDON

Ich war mitten im Gedränge, neben mir war Glaukos: »Verdammt, Glaukos, sind wir nicht die Besten unter den Lykiern, von allen geehrt und angebetet? ... Also dann los, steigen wir auf diese verdammte Mauer, einen Tod müssen wir sterben, tun wir's hier, wenigstens werden wir jemandem zu Ruhm verhelfen, oder jemand verhilft uns dazu.« Und mit Glaukos und allen Lykiern griff ich an.

AJAX

Die Unseren sahen sie kommen, von einem Turm aus, und sie begannen um Hilfe zu schreien, aber niemand hörte sie, es herrschte ein solcher Krach ... Schließlich schickten sie einen Boten, der zu mir kam und sagte: »Ajax, die Lykier haben alle zusammen die Mauer angegriffen, am Turm, den Teukros verteidigt. Schnell, wir brauchen Hilfe.« Ich lief schnell, und als ich dort ankam, sah ich, dass sie am Ende waren. Ein ungeheuer großer Stein lag am Geländer der Mauer, den nahm ich und hob ihn hoch, ich weiß nicht, mit welcher Kraft, wirklich, und warf ihn den Lykiern auf die Köpfe. Inzwischen traf Teukros mit seinem Bogen den Glaukos am Arm, während er gerade über die Mauer stieg, gerade dort traf er ihn, und Glaukos ließ sich von der Mauer gleiten.

SARPEDON

Sie hatten ihn getroffen, und er ging sich weiter hinten verstecken, kein Achäer sollte sehen, dass er verwundet war, versteht ihr? Keinem sollte dieser Ruhm zustehen. Er war außer sich vor Zorn und Wut. Ich war schon oben auf der Mauer, hatte das Geländer in den Händen, und mit meiner ganzen Kraft riss ich es weg, in einem Stück löste es sich ab, ich schwöre es, endlich würden wir durchkommen, zum Teufel mit dem Geländer.

AJAX

Sarpedon stand plötzlich vor uns. Er hatte den Schild auf den Rücken gedreht, um die Mauer hinaufzuklettern, und jetzt kam er uns so, ungedeckt, entgegen. Teucros schleuderte ihm einen Pfeil direkt in die Brust, doch der Mann hatte Glück, der Pfeil landete auf dem Lederriemen des Schilds, der quer über seine Brust verlief, und blieb genau darin stecken.

SARPEDON

Ich schrie den anderen zu: »Verdammt noch mal, soll ich die Mauer allein nehmen? Wo bleibt euer Mut und eure Tapferkeit?« Und da stürzten sich alle in die Bresche, und es entfachte sich ein grauenvoller Kampf, die leichten Schilde gaben den Lanzenspitzen nach, der Turm färbte sich mit troianischem und achäischem Blut, wir griffen an, aber schafften es nicht, es war wie eine Waage, die im Gleichgewicht blieb, die Seite der Achäer entschloss sich nicht, hinunterzugehen, es war, als würde es nie aufhören, als wir plötzlich Hektors Stimme schreien hörten: »Vorwärts, vorwärts, zur Mauer, zu den Schiffen«, und es war, als würde uns diese Stimme nach oben treiben, über die Mauer hinüber ...

AJAX

Hektor stand genau vor einem der Tore. Er näherte sich einem ungeheuren Felsblock, der auf der Erde lag und eine scharfe, schneidende Spitze hatte. Er hob ihn hoch – und ich schwöre, er war ungeheuer groß, zwei Männer hätten ihn nur mit Mühe hochgezogen –, er aber hob ihn hoch über seinen Kopf. Wir sahen, wie er ein paar Schritte auf das Tor zu tat und dann den Felsblock mit aller Kraft dagegenschleuderte. Es war ein solcher Schlag, dass die Angeln wegflogen, das Holz des Tors aufriss, die Riegel augenblicklich nachgaben. Rasch wie die Nacht rückte Hektor voran durch den Schlund, der sich aufgetan hatte, strahlend in seiner Bronzerüstung, die Augen flammend wie Feuer. Ich sage euch, nur ein Gott hätte ihn in dem Moment aufhalten können. Er wandte sich zu seinen Kriegern und rief allen zu, sie sollten vorrücken und durch die Mauer gehen. Wir sahen sie kommen, sie gingen durch das zerstörte Tor oder kletterten irgendwo über die Mauer. Alles war verloren. Wir konnten nur noch fliehen, und wir flohen zu unseren Schiffen, zu dem Einzigen, was uns noch geblieben war.

Von seinem Zelt aus sah uns Nestor, der Alte, auf der Flucht, hinter uns die zerstörte Mauer, die Troer waren uns auf den Fersen, trieben uns zu den Schiffen wie eine Flamme, wie ein Sturm. Er lief zu den anderen Königen, die verwundet in ihren Zelten lagen. Diomedes, Odysseus, Agamemnon. Auf ihre Lanzen gestützt beobachteten sie alle zusammen das Schlachtfeld, das Herz in Angst und Beklemmung. Agamemnon sprach als Erster. »Hektor hatte es versprochen. Er hatte gesagt, er würde nicht eher aufhören, als bis er die Schiffe in Brand gesteckt hätte. Und jetzt ist er da. O weh, ich spüre, dass alle Achäer Zorn gegen mich hegen, als wäre jeder ein Achill, und früher oder später werden sie sich weigern weiterzukämpfen.« Nestor blickte starr auf die verzweifelte Lage. »Leider hat die Mauer nicht standgehalten, von der wir einen unverletzlichen Schutz für uns und unsere Schiffe erhofften«, sagte er. »Das ist eine Tatsache, nicht einmal ein Gott könnte etwas daran ändern. Jetzt müssen wir herausfinden, was zu tun ist. Unsere Männer sind unterlegen und versuchen in einem schrecklichen Chaos einem Blutbad zu entkommen. Wir müssen etwas tun, jedoch nicht kämpfen, denn ihr seid verwundet und ich bin alt.« Da sagte Agamemnon: »Wenn wir nicht kämpfen können, lasst uns fliehen.« Genau so sagte er, der König der Könige. »Das befehle ich. Warten wir auf die Nacht, und dann ziehen wir im Schutz der Dunkelheit die Schiffe ins Meer und fahren davon. Es ist keine Schande, sich einer Katastrophe zu entziehen, wenn die Flucht unsere einzige Rettung ist.« Odysseus sah ihn mit wilden Augen an: »Was für ein Wort ist dir entwischt, Agamemnon, du Unglückseliger? Derlei Befehle kannst du jemand anderem geben, aber nicht uns, wir sind ehrenwerte Männer, unser Geschick ist es, Schlachten zu schlagen, von der Jugend bis zum Alter, bis zum Tod. Willst du Troia verlassen, nach all dem Unglück, das wir erduldet haben? Schweige, damit dich die Achäer nicht hören. Das sind Worte, die nie aus dem Mund eines Königs und Befehlshabers kommen dürften.« Agamemnon senkte den Blick. »Du verletzt mich zutiefst, Odysseus, mit deinen Worten. Und sicher, wenn ihr nicht wollt, soll ich euch auch nicht befehlen zu fliehen. Aber was sollen wir sonst tun? Ist jemand hier, jung oder alt, der eine Idee hat? Ich werde ihn anhören.« Da meldete sich Diomedes, der von uns allen der Jüngste war. »Hör auf mich, Agamemnon. Ich weiß, ich bin jünger als du, aber lass Neid oder Groll fahren und hör mir zu. Auch wenn wir verwundet sind, kehren wir zurück in die Schlacht. Wir bleiben zwar den Kämpfen fern, aber wir zeigen uns, es ist notwendig, dass sie uns sehen, damit sie wieder Mut schöpfen und wieder kämpfen wollen.« Er war der Jüngste, aber am Ende hörten sie auf ihn. Es blieb ihnen nichts anderes übrig. Und weil ihr Schicksal, unser Schicksal, war, den Faden der harten Schlachten abzuwickeln, von der Jugend bis zum Alter, bis zum Tod.

SARPEDON

Wir griffen in der Masse an, alle hinter Hektor. Wie ein Felsblock, der von einer Bergeshöhe in die Tiefe rollt, aufprallt, lautstark durch die Wälder rast und erst in der Ebene liegen bleibt, so strebte der Mann ans Meer, zu den Schiffen, den Zelten der Achäer, Tod bringend überall. Um ihn herum tobte die Schlacht, die, mit schneidenden Lanzen gespickt, die Männer vernichtete. Wir rückten vor, von allen Seiten, geblendet von einem hellen Schein, der von funkelnden Helmen, polierten Rüstungen und glänzenden Schilden kam. Wie sollte man diesen Glanz vergessen ... aber ich sage euch: Es gibt kein so stolzes Herz, das diese Schönheit anschauen könnte, ohne von Entsetzen ergriffen zu werden.

Und wir waren voller Entsetzen, fasziniert, aber voller Entsetzen, während Hektor gegen uns vorwärtszog, als sähe er nichts anderes als die Schiffe dort unten, die es zu erreichen und zu zerstören galt. Von der Etappe aus beschossen uns die Achäer mit Pfeilen und bewarfen uns mit Steinen, während die unseren in der ersten Reihe ihre besten Krieger vor sich hatten. Wir begannen zu wanken, uns zu zerstreuen. Pulydamas, noch einmal er, lief wütend zu Hektor: »Willst du mich einmal anhören, Hektor! Nur weil du der Stärkste bist, hältst du dich auch für den Weisesten und willst die anderen nicht anhören? Hör mir zu! Um uns tobt die Schlacht wie ein Feuerkranz, und siehst du denn deine Troer nicht, die sich überall zerstreuen? Sie wissen nicht, sollen sie zurück zur Mauer oder weiter vorrücken, wir müssen innehalten und einen Plan machen, sonst riskieren wir, mit wenigen Mann zu den Schiffen zu kommen, und ich habe nicht vergessen, dass dort noch Achill auf uns wartet, nach Krieg dürstend.« Er hatte recht. Und Hektor verstand es. Er machte also kehrt, um seine besten Krieger zu versammeln, das Heer wieder aufzustellen, und da merkte er, dass es viele von uns nicht geschafft hatten und auf der Mauer getroffen worden waren: Er suchte den Deiphobos, den Helenos, den Otrioneus und fand sie nicht, er fand den Paris, der gegen ihn wütete, als wäre es seine Schuld, dass die anderen nicht mehr da waren. »Die anderen sind tot, Hektor«, schrie ihm Paris ins Gesicht, »tot oder verwundet, nur wir sind noch da, um zu kämpfen, hör auf, die Toten zu suchen, und nimm uns, zieh uns hinein in die Schlacht, zu den Schiffen, unsere ganze Kraft ist mit dir und wird dir folgen.« Und wie zuvor mit Pulydamas, so hörte Hektor nun auf Paris und stürmte aufs neue zum Angriff vor, stellte sich an die Spitze und riss uns alle mit.

AJAX

Im Schutz seines Schildes sah ich ihn herankommen, allen voran, der glänzende Helm schaukelte auf seinen Schläfen. Fast lief ich auf ihn zu. »Komm schon, du Narr!«, brüllte ich. »Du willst unsere Schiffe, oder? Aber auch wir haben Arme, um sie zu verteidigen, und mit diesen Armen werden wir euch und eure Stadt vernichten. Fang an zu beten, Hektor, denn bald brauchst du viel schnellere Pferde, um von hier zu fliehen und dein Leben zu retten!«

SARPEDON

»Was sagst du da, Ajax?«, schrie ihm Hektor zu. »Du bist ein Angeber und ein Lügner. Das ist der Tag eures Untergangs, glaub mir. Auch du wirst sterben, zusammen mit allen anderen. Komm her und fordere meine Lanze heraus, sie kann es kaum erwarten, in deine schneeweiße Haut zu beißen und dich auf troianischer Erde liegen zu lassen, als Festmahl für Hunde und Vögel!« Und unverzüglich schleuderte er seine Lanze direkt auf Ajax.

AJAX

Er traf mich mitten auf die Brust. Aber es war mir nicht vom Schicksal bestimmt, dort zu sterben. Die Spitze endete ausgerechnet da, wo sich die zwei dicken Riemen aus Leder und Silber kreuzten, der für den Schild und der für das Schwert, und blieb genau dort stecken. Da bückte ich mich, hob vom Boden einen spitzen Stein auf, und bevor sich Hektor in den

Reihen der Seinen verstecken konnte, warf ich den Stein nach ihm, mit meiner ganzen Kraft.

SARPEDON

Der Stein drehte sich in der Luft wie ein Kreisel, flog über den Schild und traf Hektor genau unter dem Hals. Wir sahen ihn zur Erde stürzen wie eine Eiche, die von einem Blitz gefällt wird.

AJAX

Ein Schrei, ein Schrei erhob sich, und es war der Schrei aller Achäer, die sich auf ihn stürzten, um ihn mitzunehmen, um ihn zu zerfleischen.

SARPEDON

Aber keiner konnte ihn auch nur berühren, wir waren alle da, ihn zu verteidigen, Pulydamas, Aeneas, Agenor, Glaukos und tausend andere bildeten mit den Schilden eine unüberwindliche Barriere um ihn. Schließlich nahm ich ihn in die Arme und trug ihn aus dem Gewühl. Ich lief zurück bis zur Mauer, überquerte den Graben und blieb nicht stehen, bis ich bei seinem Wagen war. Wir luden ihn darauf, und dann ging es im Galopp weiter weg in die Ebene. Erst als wir zum Fluss kamen, machten wir halt. Hektor stöhnte, erschöpft, zerschlagen. Wir legten ihn auf die Erde und gossen ihm Wasser über den Kopf. Er öffnete die Augen wieder, kniete sich hin und erbrach schwarzes Blut; dann fiel er wieder auf den Boden, nach hinten, und eine Finsternis legte sich auf seine Augen.

AJAX

Als ich sah, dass sie ihn wegtrugen, wusste ich, das ist der Augenblick, jetzt müssen wir angreifen. Ich stürmte als Erster los, und alle folgten mir. Es war ein wilder Zusammenstoß. Nicht so stark hallen die Meereswogen an den Klippen wider, wenn der Nordwind gewaltig weht. Nicht so stark ist das Dröhnen der Feuersbrunst, wenn sie in den Gebirgstälern wütet und den Wald verzehrt. Nicht so stark heult der Wind, wenn er in den hohen Wipfeln der Eichen wütet. Nicht so stark wie das Gebrüll der Achäer und der Troer, als sie sich aufeinanderstürzten. Als Ersten tötete ich Satnios, den Sohn des Enops, durch einen Hieb in die Seite; Pulydamas tötete Protoenor, ihm die Schulter durchbohrend. Ich tötete Archelochos, indem ich ihm den Kopf abschlug; Akamas tötete den Promachos, und um Promachos zu rächen, stürzte sich Peneleus auf Ilioneos und traf ihn mit der Lanze unter der Augenbraue, die bronzene Spitze ließ das Auge wegspringen, durch den Schädel dringend kam sie im Nacken wieder heraus, und da zog Peneleus das Schwert und schlug ihm den Kopf ab, und dann hob er die Lanze, die noch in diesem Kopf steckte, und schwenkte sie samt dem Kopf in der Luft, während er brüllte: »Troer, sagt den Eltern des Ilioneus von mir, sie können jetzt zu weinen anfangen, zu Hause, denn den Körper ihres geliebten Sohns werden sie nie wiedersehen!« Das war etwas, das die Troer in Schrecken versetzte. Wir sahen sie unsicher werden und nach einem Fluchtweg Ausschau halten. Sie spürten den Abgrund des Todes in der Nähe. Plötzlich fingen sie alle an zu laufen, zu fliehen, sie entfernten sich von den Schiffen, erreichten die Mauer, aber auch dort blieben sie nicht stehen, hörten nicht auf zu laufen, überquerten den Graben, und erst als sie auf der anderen Seite waren, blieben sie stehen, und leichenfahl vor Angst und schreckerstarrt standen sie neben ihren Wagen.

SARPEDON

Schreckerstarrt wie die Hirsche, denen ins Dickicht des Waldes die Jäger gefolgt sind: Mit ihrem lauten Röhren wecken sie einen Löwen mit dichter Mähne, der aus dem Dunkel des Waldes hervorspringt und allen das Herz in der Brust lähmt.

HEKTOR

Sie hielten mich für tot. Plötzlich sahen sie mich vor sich wie einen Geist, der aus dem Jenseits entflohen ist, wie einen Albtraum, der sie nicht in Ruhe ließ, wie einen Löwen, der die Zähne in ihrem Fleisch hatte und nicht mehr losließ. Sie liefen fast alle davon, zurück zu den Schiffen. Es blieben nur die Stärksten, die Mutigsten: Ajax, Idomeneus, Teucros, Meriones, Meges. Mit großen Schritten marschierte ich auf sie zu, das ganze Heer hinter mir. Sie fielen einer nach dem anderen unter unseren Schlägen. Stichios und Archesilaos, getötet von mir. Medon und Iason, getötet von Aeneas. Mekisteus getötet von Pulydamas, Echios getötet von Polites, Klonios getötet von Agenor, Deiochos getötet von Paris, mit einem Schlag auf den Rücken. Während wir die Leichen entkleideten, liefen die Achäer nach allen Seiten davon. Auch die besten, alle. Sie liefen zurück bis zur Mauer, aber die Angst blieb, und so verließen sie auch die Mauer, zogen sich zu den Schiffen zurück. Ich schrie meinen Soldaten zu, sie sollten die Leichen und die Waffen und all das seinlassen, auf die Wagen steigen und die Verfolgung aufnehmen. Der Weg war frei, wir konnten bis zu den Schiffen kommen, ohne kämpfen zu müssen. Dann sprang ich auf den Wagen und ließ die Pferde losgaloppieren. Wir kamen zum Graben, fuhren hindurch, unser Ziel war die Mauer, und allerorten überwanden wir sie, sie brach unter unserem Ansturm zusammen wie eine Sandburg. Ich war an der Spitze von allen und sah sie dort, vor mir die Schiffe. Die ersten schwarzen Rümpfe, auf der Erde abgestützt, und dann, so weit das Auge reichte, nichts als Schiffe, nur Schiffe, bis hinunter zum Strand und zum Meer, Tausende von Masten, Kielen, Bugen, himmelwärts gewendet, so weit man schauen konnte. Die Schiffe. Niemand kann verstehen, was dieser Krieg für uns Troer war, wenn er sich nicht den Tag vorstellt, an dem wir sie ankommen sahen. Es waren mehr als tausend, in dem Stückchen Meer, das in unseren Augen lag, seit wir auf der Welt waren, aber wo wir nie etwas die Wasser hatten pflügen sehen, das nicht uns freund, klein und kostbar gewesen wäre. Jetzt war das Meer bis zum Horizont von Ungeheuern verdunkelt, die von weit her gekommen waren, um uns zu vernichten. Ich verstehe, in welchem Krieg ich gekämpft habe, wenn ich an jenen Tag zurückdenke und mich, meine Brüder und alle jungen Männer Troias wiedersehe, wie wir unsere schönsten Waffen anlegten, aus der Stadt hinauszogen und, am Meer angekommen, versuchten, diese schreckenerregende Flotte mit Steinwürfen aufzuhalten. Die Steine, die am Strand lagen. Die warfen wir, versteht ihr? Tausend Schiffe, und wir mit unseren Steinen.

Neun Jahre später hatte ich diese Schiffe wieder in meinen Augen. Aber als Gefangene, an Land. Und umgeben von verschreckten Kriegern, die mit erhobenen Armen den Himmel anflehten, nicht sterben zu müssen. Braucht man da zu staunen, dass ich meine Wunde, den Schlag von Ajax, die Müdigkeit und die Angst vergaß? Ich schickte mein Heer los, und es wurde für diese Schiffe zu einem stürmischen Meer, einer ungeheuren, sich überschlagenden, funkelnden Woge. Wir erstürmten die Kiele, mit Fackeln in der Hand, und zündeten alles an. Aber die Achäer verteidigten sich hartnäckig. Ajax war da, auch diesmal er, er feuerte sie an und befehligte sie. Er stand am Heck eines Schiffes und tötete jeden, der es schaffte, hinaufzuklettern oder sich auch nur zu nähern. Ich bewegte mich direkt auf ihn zu, und als ich ziemlich nahe bei ihm war, zielte ich und warf die Lanze. Die bronzene Spitze flog in die Höhe, aber verfehlte ihr Ziel und traf Lykophron, einen Schildträger. Ich sah Ajax erschaudern, dann, ohne im Kampf innezuhalten, dem Teukros einen Blick zuwerfen. Teukros war der beste Bogenschütze der Achäer. Als hätte Ajax ihm einen Befehl gegeben, nahm er einen Pfeil aus dem Köcher, spannte die Sehne des Bogens und zielte direkt auf mich. Instinktiv hob ich den Schild, aber was ich sah, war, dass die Sehne des Bogens riss und der Pfeil zu Boden fiel, und Teukros vor Schreck erstarrte. Es schien wahrhaftig ein Zeichen der Götter zu sein. Ein günstiges Zeichen für mich und ein verhängnisvolles für die Achäer. Ich sah mich um. Sie deckten die Schiffe, kämpften eng aneinander gedrängt, waren eine bronzene Mauer, die uns abhielt. Ich suchte nach einer schwachen Stelle, um eine Bresche zu schlagen, fand aber keine. Da ging ich dorthin, wo die schönsten Waffen waren, und dort griff ich an, wie ein Löwe, der eine Herde anfällt, die kein Hirte mehr retten kann. Sie sahen mit Entsetzen auf mich, ich schäumte vor Wut, meine Schläfen pochten unter dem glänzenden Helm, sie sahen mich an und flohen, die bronzene Mauer öffnete sich, ich sah sie zu den Zelten fliehen als letzter Zuflucht, ich hob den Blick und sah die Schiffe, direkt über mir, so nahe hatte ich sie noch nie gesehen. Nur Ajax mit wenigen Kriegern war noch geblieben, er sprang von einem Schiff aufs andere, kämpfte mit einem Enterspieß, seine Stimme drang bis zum Himmel, während er mit furchtbaren Schreien die anderen Achäer zum Kampf rief. Ich suchte mir ein Schiff mit blauem Bug aus. Von der Heckseite aus griff ich es an, indem ich bis zum Oberdeck hochkletterte. Die Achäer drängten sich um mich. Jetzt war die Zeit der Pfeile und Lanzen vorbei, es wurde von Mann zu Mann gekämpft, ein Nahkampf mit Schwertern, Dolchen und scharfen Beilen. Ich sah das Blut in Strömen fließen, vom Schiff hinunter auf die schwarze Erde. Das war die Schlacht, die ich mir immer gewünscht hatte: nicht die offene Ebene, nicht die Mauern Troias, sondern bei den verhassten Schiffen.

»Achäer, Krieger, wo ist eure Kraft geblieben?« Das war die Stimme des Ajax. Dort auf dem Oberdeck kämpfte und schrie er weiter. »Warum flieht ihr? Meint ihr, hinter euch ist etwas, wohin ihr euch flüchten könnt? Hinter euch ist das Meer, hier ist eure Rettung!« Ich sah ihn genau über mir. Er war schweißbedeckt, keuchte, konnte kaum mehr atmen, und die Müdigkeit lastete auf seinen Armen. Ich erhob mein Schwert, und mit einem glatten Schlag zerschnitt ich ihm die Lanze, direkt unter der Spitze; da stand er, den abgeschlagenen Lanzenschaft aus Eschenholz in der Hand. Bei dem ganzen Krach hörte ich doch, wie die bronzene Spitze auf das Holz des Decks fiel. Und Ajax sah ein, dass dies mein Tag war, dass die Götter mit mir waren. Endlich wich er zurück, endlich tat er es, er wich zurück. Und ich stieg auf das Schiff. Und zündete es an.

Und so müsst ihr mich in Erinnerung behalten, mitten in den Flammen. Hektor, den Geschlagenen, auf dem Heck dieses Schiffes stehend, vom Feuer umringt. Hektor, den Toten, den Achill dreimal um die Mauern Troias schleifte, müsst ihr in Erinnerung behalten als Lebendigen, Siegreichen, im Glanz seiner Waffen aus Bronze und Silber. Von einer Königin habe ich die Worte gelernt, die mir jetzt geblieben sind und die ich euch sagen will: Denkt an mich, denkt an mich, vergesst mein Los.

PHOENIX

Sie waren so jung, dass ich für sie ein alter Mann war. Ein Lehrmeister, vielleicht ein Vater. Sie sterben zu sehen, ohne etwas tun zu können, das war mein Krieg. Alles andere ist längst vergessen.

Ich erinnere mich an Patroklos, der weinend in das Zelt von Achill gelaufen kommt. Es war an jenem Tag der grausamen Schlacht und der Niederlage. Patroklos, in Tränen aufgelöst, man konnte kaum hinsehen. Er weinte wie ein kleines Mädchen, das sich an den Rockzipfel der Mutter hängt und auf den Arm genommen werden möchte; und das auch, wenn es die Mutter hochhebt, sie immer noch von unten anschaut und weint. Er war ein Held und führte sich auf wie ein kleines Mädchen. »Was ist los?«, fragte ihn Achill. »Hast du eine Todesnachricht aus der Heimat bekommen? Ist vielleicht dein Vater gestorben oder meiner? Oder weinst du vielleicht über die Achäer, die ihrer Arroganz wegen unter den schwarzen Schiffen sterben?« Er vergaß seinen Zorn nie, versteht ihr? Aber an dem Tag bat ihn Patroklos unter Tränen, ihm zuzuhören: ohne Wut, ohne Zorn, ohne Bosheit. Nur ihm zuzuhören. »Groß ist der Schmerz, Achill, der heute die Achäer getroffen hat. Diejenigen, die die Ersten und die Stärksten waren, liegen jetzt verwundet auf den Schiffen. Diomedes, Odysseus, Agamemnon. Die Ärzte bemühen sich um sie und versuchen mit jedem Heilmittel ihre Wunden zu behandeln. Und du, schrecklicher Krieger, bleibst hier, eingeschlossen in deinen Zorn. Also will ich, Achill, dass du meinen Zorn hörst: meine Wut.

Du willst nicht kämpfen, ich will es. Schick mich in die Schlacht mit deinen Kriegern, den Myrmidonen. Gib mir deine Waffen, erlaube, dass ich sie anlege. Die Troer werden mich mit dir verwechseln. Gib mir deine Waffen, und wir werden sie zurückschlagen bis zu den Mauern Troias.« Das sagte er mit flehender Stimme: Er konnte nicht wissen, dass er darum flehte, zu sterben.

Achill hörte ihm zu. Man sah, wie ihn diese Worte beunruhigten. Was er schließlich sagte, veränderte jenen Krieg. »Es ist ein entsetzlicher Schmerz, der ins Herz trifft, wenn ein Mächtiger dank seiner Macht einem Mann wegnimmt, was ihm gehört. Und diesen Schmerz erleide ich, und Agamemnon hat ihn mir zugefügt. Aber es ist wahr, was gewesen ist, kann man nicht mehr ändern. Und vielleicht kann kein Herz auf immer einen unbeugsamen Zorn hegen. Ich hatte gesagt, dass ich erst eingreifen würde, wenn ich höre, wie der Lärm der Schlacht in meinem schwarzen Schiff widerhallt. Der Augenblick ist gekommen. Nimm meine Waffen, Patroklos, nimm meine Krieger. Stürz dich in die Schlacht und wende die Katastrophe ab von den Schiffen. Schlag die Troer zurück, bevor sie uns die Hoffnung auf eine süße Heimkehr nehmen. Aber hör mir gut zu und tu, was ich sage, wenn du mir wirklich meine Ehre und meinen Ruhm wiedergeben willst: Wenn du die Feinde von den Schiffen gescheucht hast, halt inne, folge ihnen nicht in die Ebene, beende den Kampf und komme hierher zurück. Beraube mich nicht meines Anteils an Ehre und Ruhm. Lass dich nicht hinreißen vom Tumult der Schlacht und vom Gebrüll, das dich anfeuern wird, bis zu den Mauern Troias zu kämpfen und zu töten. Lass es die anderen tun, aber du komm zurück, Patroklos. Komm du hierher zurück.«

Dann stand er auf und sagte, jede Traurigkeit von sich weisend, mit kraftvoller Stimme: »Jetzt beeil dich, leg die Waffen an. Ich sehe schon die Flammen des tödlichen Feuers um mein Schiff herum brennen. Mach schnell, ich rufe die Männer zusammen.«

Wer war ich, um sie aufzuhalten? Kann ein Lehrmeister, ein Vater, das Schicksal aufhalten? Patroklos kleidete sich in leuchtende Bronze, die schönen Beinschienen mit Silberbesatz an den Knöcheln legte er an. Auf seine Brust legte er den gleich einem Stern funkelnden Panzer des Achill. An die Schultern hängte er sich das silberverzierte Schwert und den großen, schweren Schild. Auf den stolzen Kopf den gut gearbeiteten Helm: Ganz oben schaukelte angsteinflößend ein Kamm aus Pferdehaar. Zum Schluss suchte er sich zwei Lanzen aus. Er nahm nicht die Lanze des Achill. Die konnte nur er selber hochheben: die Lanze aus Eschenholz, die Chiron seinem Vater gegeben hatte, um den Helden den Tod zu bringen.

Als er aus dem Zelt trat, drängten sich die Myrmidonen für die Schlacht bereit um ihn. Sie waren wie hungrige Wölfe, ihre Herzen waren erfüllt von großer Kraft. Mit fünfzig Schiffen war Achill nach Troia gekommen. Fünf Scharen von Kriegern, unter dem Befehl von fünf Helden: Menesthios, Eurodoros, Peisandros, Alkimedon. Der fünfte war ich. Phoenix, der Alte. Zu allen sprach Achill mit strenger Stimme: »Myrmidonen, ihr habt mich angeklagt, ich hätte ein Herz aus Stein und würde euch auf den Schiffen von der Schlacht fernhalten, nur um in meinem Zorn zu verharren. Nun gut, jetzt geht ihr in den Krieg, den ihr euch gewünscht habt. Kämpft mit eurem ganzen Mut.« Beim Widerhall seiner Stimme drängten sich die Scharen der Krieger zusammen, so dicht aneinander wie die Steine einer Mauer. Schild an Schild, Helm an Helm, Mann an Mann, so dicht, dass sich bei jeder Bewegung die Wedel berührten, die sich in den glänzenden Helmen widerspiegelten. Allen voran: Patroklos auf dem Wagen, vor den

Amedon Xantos und Balios, die zwei unsterblichen Pferde, und Pedasos, ein sterbliches Pferd von ungeheurer Schönheit, gespannt hatte.

    Achill ging in sein Zelt und hob den Deckel einer über und über mit Einlegearbeiten geschmückten Truhe, die seine Mutter aufs Schiff hatte bringen lassen, weil er sie mitnehmen sollte: Darin lagen Tuniken, Umhänge und schwere Decken. Auch eine kostbare Trinkschale war darin, die nur Achill benutzen durfte und die er nur benutzte, um zu Ehren des Zeus, und keines anderen Gottes, zu trinken. Er nahm sie, reinigte sie mit Schwefel, dann wusch er sie in klarem Wasser, wusch sich die Hände, und zuletzt schenkte er sich funkelnden Wein ein. Dann ging er wieder hinaus und trank vor allen den Wein und bat in den Himmel blickend Zeus, den Höchsten, dass Patroklos kämpfen, siegen und wieder zurückkehren möge. Und wir alle mit ihm.

Unvermittelt fielen wir über die Troer her, wie ein wild gewordener Wespenschwarm. Um uns herum dröhnten die schwarzen Schiffsrümpfe von unserem Gebrüll. Es schrie Patroklos, allen voran, im Glanz der Waffen des Achill. Und die Troer sahen ihn, funkelnd auf dem Wagen an der Seite Automedons. Achill, dachten sie. Und plötzlich gerieten ihre Schlachtreihen durcheinander, und eine Verstörung fraß ihnen die Seele auf. Der Abgrund des Todes öffnete sich unter ihren fliehenden Füßen. Die erste Lanze, die flog, war die des Patroklos, in die Mitte des Gewühls geschleudert: Sie traf den Pyraichmes, den Anführer der Paionen, traf ihn an der rechten Schulter, er stürzte mit einem Schrei, die Paionen verschwanden, von Angst gepackt verließen sie das Schiff, auf das sie gestiegen waren und das sie schon zur Hälfte verbrannt hatten. Patroklos ließ das Feuer löschen und stürmte dann zu den anderen Schiffen. Die Troer ließen nicht locker, sie wichen zwar zurück, aber wollten sich nicht von den Schiffen entfernen, es kam zu einem brutalen Zusammenstoß. Einer nach dem anderen mussten alle unsere Helden kämpfen und den Feind beugen, einer nach dem anderen fielen die Troer, bis es selbst für sie zu viel wurde und sie zu wanken und zu fliehen begannen, wie Lämmer, die von einem Rudel raubgieriger Wölfe verfolgt werden. Die galoppierenden Pferdehufe ließen eine Staubwolke zum Himmel aufsteigen. Die Troer flohen unter Gebrüll und in einem Gewühl, das den Weg zum Horizont bedeckte. Und wo ihre Flucht am dichtesten war, dorthin stürmte Patroklos, schreiend und tötend, viele Männer fielen unter seinen Händen, viele Wagen stürzten krachend um. Doch in Wahrheit suchte er Hektor zu seiner Ehre und zu seinem Ruhm. Auf einmal sah er ihn mitten unter den fliehenden Troern, die über den Graben wieder zurückdrängten, er sah ihn und verfolgte ihn, überall um ihn fliehende Krieger, der Graben bremste die schnelle Flucht, erschwerte alles, die Deichseln der troianischen Wagen zerbrachen, und die Pferde galoppierten davon wie reißende Flüsse. Aber Hektor, mit der Geschicklichkeit eines großen Kriegers, bewegte sich in der Schlacht, hellhörig für den Klang der Lanzen und das Zischen der Pfeile, wusste immer wohin, wie sich bewegen, wann bei den Gefährten bleiben und wann sie verlassen, wusste, wie er sich verstecken und wie sich zeigen musste. Seine windschnellen Pferde brachten ihn weg – und Patroklos wandte sich um und begann die Troer wieder zu den Schiffen hinzutreiben, er schnitt ihnen den Fluchtweg ab und drängte sie wieder zu den Schiffen hin, dort wollte er sie einkreisen und niedermetzeln – er traf Pronoos auf die Brust, die der Schild unbedeckt ließ, er sah Thestor auf seinem Wagen zusammengekauert, wie betäubt, und spießte ihn mit der Lanze auf, hier unter der Kinnlade, die bronzene Spitze drang durch den Schädel, Patroklos hob die Lanze hoch, als hätte er einen Fisch gefangen, er zog Thestors Körper mit dem offenem Mund bis zum Wagenrand – und mit einem Stein traf Patroklos den Erylaos zwischen den Augen, der Kopf im Helm zerbarst in zwei Teile, und der Held fiel zu Boden und über ihn kam der Tod, der das Leben verzehrt, und er verzehrte auch das Leben von Erymas, Amphoteros, Epaltes, Tlepolemos, Echios, Pyris, Ipheus, Euhippos, Polymelos, alle fielen durch die Hand des Patroklos. »Schande!«, hörte man die Stimme Sarpedons, des Zeus-Sohns und Anführers der Lykier, »Schande!, vor diesem Mann zu fliehen, ich werde ihm die Stirn bieten, ich will wissen, wer das ist.« Und er stieg vom Wagen. Patroklos sah es und stieg ebenfalls herunter. Sie standen voreinander wie zwei Geier, die sich auf hohem Fels schlagen, mit krummen Schnäbeln und spitzen Krallen. Langsam gingen sie aufeinander zu. Sarpedons Lanze flog über die linke Schulter des Patroklos, aber die Lanze des Patroklos traf direkt in die Brust, dahin, wo das Herz eingeschlossen ist. Sarpedon fiel wie eine große Eiche, die von den Äxten der Männer gefällt wird, um ein Schiffskiel zu werden. Er blieb vor seinem Wagen liegen, während er röchelte und sich seine Finger in den blutgetränkten Staub krallten. Sein Todeskampf war wie der eines Tiers. Mit dem Leben, das er noch in sich hatte, rief er seinen Freund Glaukos, rief und flehte: »Glaukos, lass nicht zu, dass sie mir die Waffen abnehmen, versammle die lykischen Krieger, kommt und verteidigt mich, ich werde euch für immer zur Unehre gereichen, wenn ihr zulasst, dass sich Patroklos meine Waffen mitnimmt, Glaukos!« Patroklos näherte sich ihm, stellte ihm einen Fuß auf die Brust und riss die Lanze heraus, wobei er die Eingeweide und das Herz mitzog. So zog er mit einer Bewegung aus diesem Körper die Lanze und das Leben. In der Zwischenzeit rannte Glaukos wahnsinnig vor Schmerz hin und her und rief die lykischen Anführer und die troianischen Helden zusammen. »Sarpedon ist tot, Patroklos hat ihn getötet, kommt schnell und verteidigt seine Waffen!«, und sie eilten herbei, getroffen vom Tod dieses Mannes, einer der stärksten und beliebtesten Verteidiger Troias, sie eilten herbei und scharten sich um seine Leiche, Hektor an der Spitze und dann alle anderen, um sie zu beschützen. Patroklos sah sie kommen und rief uns alle zusammen und stellte uns ihnen gegenüber auf und schrie, jetzt wäre der richtige Augenblick, um unsere Stärke zu beweisen. Der Leichnam Sarpedons lag in der Mitte, Troer und Lykier auf der einen Seite, wir Myrmidonen auf der anderen. Man kämpfte um den Leichnam und um die Waffen.

Anfangs waren die Troer obenauf. Aber als Patroklos seine Freunde rings um sich fallen sah, warf er sich in die erste Reihe, und wie ein Sperber, der Raben und Stare verscheucht, fiel er über die Feinde her und schlug sie zurück. Unter den Hieben der Schwerter und der Lanzen mit den doppelten Spitzen dröhnten schallend die Bronzepanzer und dumpf das Leder und die trockenen Ochsenhäute. Niemand, und hätte er noch so genau geschaut, hätte den Leichnam des Sarpedon mehr erkennen können, der von Kopf bis Fuß mit Pfeilen, Staub und Blut bedeckt war. Wir kämpften weiter ohne Unterlass rings um die Leiche wie Fliegen, die in einem Stall rastlos um die Eimer mit weißer Milch summen. Und es ging so weiter, bis Hektor etwas Überraschendes tat. Vielleicht hatte die Angst sein Herz gepackt, ich weiß es nicht. Wir sahen, wie er auf seinen Wagen sprang und uns den Rücken wendend floh und allen zubrüllte, sie sollten ihm folgen. Und tatsächlich folgten ihm alle, verließen die Leiche Sarpedons und das Schlachtfeld. *Da war etwas, das ich nicht verstand.* Sie rannten auf ihre Stadt zu. Vor wenigen Stunden waren sie noch auf unseren Schiffen und zerstörten unsere Hoffnungen, und jetzt hatten sie die Flucht ergriffen und eilten auf ihre Stadt zu. Wir hätten sie gehen lassen sollen. Genau das hatte Achill gesagt. Jagt sie weg von den Schiffen, aber dann haltet inne und kommt zurück. Wir hätten sie gehen lassen sollen. Aber Patroklos konnte nicht innehalten. Groß war der Mut in seiner Brust. Und klar das Geschick des Todes, das ihn erwartete.

Er verfolgte sie mit Ingrimm und zog alle anderen mit. Er tötete in einem fort, während er auf die Mauern Troias zueilte. Adrastos, Autonoos, Echeklos, Perimos fielen unter seinen Schlägen, und dann Epistor, Melanippos, Elasos, Mulios, Pylartes, und als er bei den Skäischen Toren anlangte, warf er sich mit einem Anlauf gegen den Turm, einmal, zweimal und dann noch einmal, immer wieder zurückgestoßen von den funkelnden Schilden der Troer, und schließlich noch ein viertes Mal, bevor er es aufgab. Da schaute ich um mich, nach Hektor. Er erschien unschlüssig, ob er das Heer in die Mauern zurückziehen oder hier weiterkämpfen sollte. Jetzt weiß ich, dass er keine Zweifel hatte, sondern nur den Instinkt des großen Kriegers. Ich sah, wie er Kebriones, seinem Wagenlenker, ein Zeichen gab. Dann sah ich, wie sich sein Wagen mitten ins Gedränge der Schlacht stürzte. Ich sah, wie Hektor, aufrecht in seinem Wagen stehend, durch die Reihen der Krieger fuhr, nicht einmal sich die Mühe machte, einige umzubringen, er fuhr einfach durch das Gewühl, direkt auf Patroklos zu, ihn wollte er erreichen. Patroklos hatte es verstanden, er sprang vom Wagen. Er bückte sich, um einen weißen spitzen Stein vom Boden aufzuheben. Und als der Wagen Hektors in

Wurfweite war, schleuderte er ihn mit seiner ganzen Kraft. Der Stein traf Kebriones, den Wagenlenker, der die Zügel in Händen hielt, er traf ihn mitten auf die Stirn, der Schädelknochen brach entzwei, die Augen fielen in den Staub hinunter, und dann fiel auch er vom Wagen. »Wie geschickt du bist«, verspottete ihn Patroklos. »Ein erfahrener Fischer wärest du, Kebriones, wenn du dich ins Wasser stürzen würdest, so geschickt, wie du vom Wagen springst. Hat es je geheißen, dass unter den Troern keine guten Schwimmer sind?« Er lachte. Und Hektor war vor ihm. Wie zwei hungrige Löwen, die im Gebirge wutentbrannt um eine getötete Hirschkuh kämpfen, so kämpften die beiden um die Leiche des Kebriones. Hektor hatte den Toten am Kopf gepackt und ließ ihn nicht los. Patroklos hatte ihn bei den Füßen ergriffen und versuchte ihn wegzuschleifen. Rings um sie entbrannte ein wilder Kampf, Troer gegen Achäer, alle um den Leichnam.

Wir schlugen uns Stunden um den Mann, der nun im Staub lag, nichts mehr wusste von Wagen und Pferden und all dem, was sein Leben gewesen war. Als es uns zuletzt gelang, die Troer wegzudrängen, nahmen einige von uns die Leiche und schleiften sie weg aus dem Gewühl, um sie zu entkleiden. Aber Patroklos blieb mitten im Gefecht. Er ließ sich nicht aufhalten. Dreimal warf er sich auf die Troer, mit schrecklicher Stimme brüllend, und tötete neun Männer. Aber als er sich das vierte Mal gegen sie warf, wie ein Gott, Patroklos, da sahen wir alle auf einmal, wie das Ende deines Lebens nahte. Euphorbos traf dich von hinten mitten auf den Rücken. Er kam mit dem Wagen, sich durch das Gedränge Bahn brechend, überall war Staub, eine ungeheure Staubwolke, du sahst ihn nicht kommen, ich sah ihn, aus der Nähe steckte er dir die Lanze in den Rücken ... *Erinnerst du dich an Euphorbos, Patroklos, erinnerst du dich, dass wir ihn in der Schlacht sahen und über seine Schönheit redeten, über sein Haar, das ihm lang über die Schultern herabhing, war er nicht der Schönste von allen? ... Er traf dich mitten in den Rücken,* dann fuhr er sofort davon, um sich unter den Seinen zu verstecken, aus Angst vor dem, was er getan hatte.

Patroklos blieb unbewegt, erstaunt. Die Augen drehten sich nach hinten, die Beine trugen den Körper noch, aber spürten ihn nicht mehr. Ich erinnere mich an den Kopf, der nach dem Schlag vornüberfiel, und den Helm, der in den Staub rollte, den Helm, den ich mir nie von Staub und Blut besudelt vorgestellt hätte, am Boden, den Helm, der den Kopf und das strahlend schöne Gesicht des Achill, des göttlichen Menschen, bedeckte, sah ich auf der Erde rollen, zwischen den Pferdehufen, im Staub und im Blut.

Patroklos macht ein paar Schritte, er suchte nach etwas, das ihn verbergen oder retten könnte. Er wollte nicht sterben. Um ihn herum war alles stehengeblieben. *Mancher Tod ist ein Ritus, aber das könnt ihr nicht verstehen. Keiner hielt Hektor zurück, als er sich ihm näherte. Das könnt ihr nicht verstehen.* Im Gedränge näherte er sich ihm, ohne dass einer von uns ihn hätte aufhalten können, als er einen Schritt von ihm entfernt war, durchbohrte er ihm mit der Lanze den Bauch. Und Patroklos fiel auf die Erde. Wir sahen ihn diesmal alle auf die Erde fallen. Und dann beugte sich Hektor über ihn, um ihm in die Augen zu schauen und in dem eisigen Schweigen zu ihm zu sprechen. »Patroklos, du glaubtest, hierherzukommen und meine Stadt zu zerstören, oder? Du stelltest dir vor, dein Schiff voller Troerinnen und troianischer Schätze nach Hause zu bringen? Jetzt weißt du, dass Troia von starken Männern verteidigt wird und dass der stärkste von ihnen Hektor heißt. Du bist jetzt nur noch Speise für die Aasgeier. Dein Freund Achill, so stark er sein mag, kann dir nicht mehr helfen. Er ist es, oder?, der dich hierhergeschickt hat, er hat gesagt: ›Patroklos, komm nicht zurück, bevor du nicht Hektor die Brust aufgeschlitzt und die Tunika mit Blut befleckt hast.‹ Und du, Dummkopf, hast auf ihn gehört.«

Patroklos lag im Sterben. Aber er fand noch die Kraft zu sprechen: »Du kannst dich jetzt rühmen, Hektor, weil du mich besiegt hast. Aber die Wahrheit ist, dass mir der Tod vom Geschick bestimmt war. Die Götter haben mich getötet, und von den Menschen als Erster Euphorbos. Du, der mir jetzt den letzten Stoß versetzt, bist nur der Dritte, Hektor. Du bist nur der Letzte von denen, die mich getötet haben. Und jetzt hör mir zu und vergiss nicht, was ich dir zu sagen habe. Du bist ein wandelnder Toter, Hektor. Nichts wird dir dein grässliches Schicksal vom Leib reißen. Das bisschen Leben, das du noch hast, Achill wird kommen und es dir wegreißen.«

Dann umhüllte ihn der Schleier des Todes. Die Seele flog weg in den Hades, während sie über die verlorene Kraft und Jugend weinte.

Hektor stellte seinen Fuß auf die Brust des Patroklos und zog die bronzene Lanze aus der Wunde. Der Körper erhob sich und fiel dann zerrissen wieder zurück in den Staub. Hektor blieb stehen und sah ihn an. Er sagte leise etwas. Dann stürzte er sich, wie von Raserei gepackt, auf Automedon. Er hätte ihn getötet, aber die schnellen Pferde nahmen ihn mit, die Pferde, die Achill von den Göttern bekommen hatte, sie trugen ihn fort aus den Krallen Hektors, weg von seiner Wut und vom Tod.

Ich starb zwei Jahre später, während ich zu Schiff von Troia nach Hause fahren wollte. Neoptelmos verbrannte meine Leiche. Er war der Sohn des Achill. Jetzt ruhen meine Gebeine in einem Land, dessen Namen ich nicht einmal weiß. Vielleicht ist es gerecht, dass es so ausgegangen ist. Denn es wäre mir nie gelungen, wirklich von dort zurückzukehren, aus jenem Krieg, aus dem Blut und vom Tod der zwei Jungen, die ich nicht zu retten vermocht hatte.

ANTILOCHOS

Als Erster begriff Menelaos, dass Patroklos tot war. Er lief zu ihm hin und stellte sich neben der Leiche auf, die Lanze und den Schild nach vorne gerichtet, jeden zu töten bereit, der sich nähern wollte. Da kam Euphorbos, der als Erster den Patroklos getroffen hatte: Er wollte seinen Triumph einheimsen. Aber Menelaos brüllte ihn an: »Komm nicht näher, wenn dir dein Leben lieb ist! Du weißt, was deinem Bruder passiert ist, als er mich herausgefordert hat, er ging nicht zur Freude der Gemahlin und der Eltern auf eigenen Beinen nach Hause. Ich werde auch deine Kraft brechen, wenn du nicht verschwindest.« Euphorbos war der schönste Troer, er hatte wundervolle Locken, die um seinen Kopf geflochten und mit silbernen und goldenen Spangen festgehalten waren. Er brüllte Menelaos zu, dass er seinen Bruder rächen würde, und schleuderte eine Lanze auf ihn; die bronzene Spitze zerbrach auf dem Schild des Menelaos, und Menelaos sprang auf ihn und bohrte ihm die Lanze in den Hals, wobei er mit dem ganzen Gewicht seines Arms nachschob. Die Spitze drang durch den ganzen feinen Hals, und sein Haar befeuchtete sich mit Blut. Er schlug auf den Boden wie ein junger Olivenbaum, schön, kräftig und mit weißen Blüten bedeckt, plötzlich in einem Gewitter von einem Blitz umgeworfen.

Menelaos bückte sich, um ihm die Waffen abzunehmen, da bemerkte er, dass Hektor auf ihn zueilte, wild und fürchterlich brüllend. Er bekam Angst und ließ die Leiche des Patroklos liegen und begann zurückzuweichen, während sein Blick in der Runde jemanden suchte, der ihm helfen konnte. Da sah er Ajax und schrie: »Ajax, Patroklos ist tot, und Hektor nimmt ihm die Waffen ab, verteidigen wir ihn, kämpfe mit mir.« Und Ajax wandte sich um und war im Innersten ergriffen. Er eilte ihm zu Hilfe. Sie kehrten zu Patroklos zurück und sahen, dass Hektor ihm die glorreichen Waffen abgenommen hatte und jetzt das Schwert gepackt hatte, um ihm den Kopf abzuschlagen und dann den Leichnam dort zum Fraß der Hunde liegen zu lassen. Ajax stürzte sich mit einer solchen Wildheit auf ihn, dass Hektor die Beute fallen ließ und in die Reihen der Seinen zurückwich. Ajax beugte sich über die Leiche des Patroklos und bedeckte sie mit seinem riesigen Schild, der die Form eines Turmes hatte. Er blieb dort wie ein Löwe bei seinen Jungen, wenn er die Jäger gewittert hat.

Die Troer hatten bemerkt, dass Hektor vor Ajax davongelaufen war, und sahen ihn verwirrt an. Ich erinnere mich, dass ich Glaukos brüllen hörte: »Du bist ein Feigling, Hektor, du hast dem Ajax nicht die Stirn geboten, weil er stärker ist als du, und jetzt hast du ihm die Leiche des Patroklos überlassen, die für uns eine kostbare Beute gewesen wäre.« Da tat Hektor etwas, das nie jemand vergessen wird. Eiligst holte er die Gefährten ein, die die Waffen des Patroklos als Trophäe in die Stadt trugen, er hielt sie an, nahm seine Waffen ab und legte die unsterblichen Waffen an, die Achill seinem Freund für die Schlacht gegeben hatte. Er legte sie an, und sie wurden zu den seinen, die unsterblichen Waffen des Achill, sein Körper schien für diese Waffen geboren, und plötzlich strahlte er vor Kraft und Stärke, und in diesem Glanz schritt er die Reihen seiner Krieger ab. Die funkelnden Waffen, die sie jahrelang mit Schrecken angesehen hatten, bot er jetzt ihren Augen dar, und es betrachteten ihn voll Staunen Glaukos, Medon, Thersilochos, Asteropaios, verzückt sahen ihn vorüberschreiten Deisenor, Phorkys, Chromios, Ennomos, und Hektor schrie ihnen zu: »Kämpft mit mir, Verbündete von tausend Stämmen, ich sage euch, wer den Leichnam des Patroklos zu den Troern schleift, mit Ajax fertigwird, der wird mit mir den Leichnam teilen, und sein Ruhm und der meine werden derselbe sein.« Und alle stürzten sich wie rasend auf die Achäer.

Ajax sah sie kommen, und es war ihm klar, dass weder er noch Menelaos sie aufhalten konnte. Da schrie er um Hilfe, und zuerst hörte ihn Idomeneus, dann Meriones und Ajax von Oileios und andere Tapfere, und sie eilten alle an seine Seite. Die Troer griffen an, eine kompakte Masse, die dem Hektor folgte. Um Ajax scharten sich die Achäer, innig verbunden, von den bronzenen Schilden geschützt. Die erste Woge der Troer drängte sie zurück und zwang sie, die Leiche des Patroklos im Stich zu lassen. Aber Ajax führte die Seinen so lange wieder zum Angriff, bis sie die Leiche erneut den Händen der Troer entreißen konnten. Es war ein entsetzlicher Kampf. Die ermüdeten, schwitzenden Beine und Knie und Füße und Hände und Augen aller waren voll Schmutz, die um jene Leiche kämpften. Von jeder Seite packten Krieger die Leiche des Patroklos und zogen daran, sie sah jetzt aus wie eine Tierhaut, die zum Trocknen ausgebreitet ist. Patroklos ...

Achill wusste noch nicht einmal, dass sein Liebling tot war. Sein Zelt war weit weg, bei den schwarzen Schiffen, und Patroklos war zum Sterben vor die Mauern Troias gegangen. Das konnte er nicht wissen. Ich stelle ihn mir vor, wie er in seinem Zelt noch denkt, Patroklos würde bald kommen, nachdem er die Troer weggejagt hat, und würde ihm seine Waffen zurückgeben, und sie würden dann zusammen tafeln und ... und während er so dachte, genau in demselben Moment war Patroklos schon eine Leiche, um die man sich stritt und um die herum Krieger getötet wurden und spitze Lanzen glänzten und bronzene Schilde krachend aufeinanderprallten. *Das würde er lernen müssen vom Schmerz: Er ist ein Sohn des Zeus. Und Zeus ist ein Sohn des Chronos.*

Und die Geschichte von Xantos und Balios? Was den Schmerz angeht ... Das waren die unsterblichen Pferde des Achill, sie hatten Patroklos in die Schlacht gebracht. Als Patroklos fiel, lenkte sie Automedon hinaus aus dem Gewühl, weit weg, denn er hatte im Sinn, sie bei den Schiffen in Sicherheit zu bringen. Aber als sie mitten in der Ebene waren, blieben sie auf einmal stehen, bewegten sich nicht mehr, denn ihr Herz war vor Schmerz über den Tod des Patroklos gebrochen. Automedon versuchte, sie wieder vom Fleck zu bewegen, indem er sie peitschte oder ihnen liebevoll zuredete, aber sie wollten nichts davon wissen, wieder zu den Schiffen zurückzukehren, sie standen reglos da wie eine steinerne Stele auf dem Grab eines Menschen, ihre Schnauzen hingen auf die Erde, und aus ihren Augen flossen brennende Tränen, so erzählt die Legende, sie weinten. Sie waren nicht geboren, um Alter oder Tod zu erleiden, sie waren unsterblich. Aber sie hatten an der Seite des Menschen gelebt, und von ihm lernten sie jetzt den Schmerz, denn auf dem Angesicht der Erde gibt es nichts, nichts, das atmet oder geht, nichts, das so unglücklich ist wie der Mensch. Schließlich stürzten die zwei Pferde mit einem Mal im Galopp davon, aber in Richtung der Schlacht. Automedon versuchte sie aufzuhalten, aber da war nichts zu machen, sie rannten im Gewühl hin und her, wie sie es im Kampf gemacht hätten, versteht ihr? Aber Automedon stand allein auf dem Wagen, er musste die Zügel halten, er konnte gewiss zu keiner Waffe greifen, und so konnte er keinen töten. Sie brachten ihn gegen die Krieger und mitten in den Kampf, aber die Wahrheit ist, dass er nicht kämpfen konnte, die Wahrheit ist, dass dieser Wagen wie ein Wind wild durch die Schlacht fuhr, ohne einen Schlag auszuteilen, etwas Unfassbares und Wunderbares.

Den Achäern wurde klar, dass sie dabei waren, die Schlacht zu verlieren. Einige, wie etwa Idomeneus, verließen das Schlachtfeld, sie fühlten sich geschlagen. Andere gedachten zwar zu den Schiffen zurückzukehren, aber ohne den Kampf aufzugeben, und zu versuchen, den Leichnam des Patroklos mitzunehmen. Manche sagten, man müsse Achill von dem Geschehenen in Kenntnis setzen, und alle stimmten zu, doch sie wussten nicht, wen sie schicken sollten. Sie brauchten die Krieger hier, und außerdem wollte vielleicht wirklich keiner derjenige sein, der Achill die Nachricht vom Tod des Patroklos brachte. Zuletzt wählten sie einen Jungen, den Achill liebte und der gerade weit entfernt vom Leichnam des Patroklos kämpfte. Und dieser Junge war ich.

Ich heiße Antilochos und bin ein Sohn Nestors. Als mein Vater in den Troianischen Krieg zog, war ich noch zu jung, um mit ihm loszuziehen. So blieb ich zu Hause. Aber fünf Jahre später nahm ich, ohne meinem Vater etwas zu sagen, ein Schiff und erreichte den Strand von Troia. Ich stellte mich Achill vor und sagte ihm die Wahrheit, dass ich ausgerissen war, um an seiner Seite zu kämpfen. Mein Vater wird mich umbringen, sagte ich. Achill bewunderte meinen Mut und meine Schönheit. Dein Vater wird stolz auf dich sein, sagte er. Und so war es. Ich wurde einer von ihnen, und mit dem Wahnsinn eines Jungen kämpfte ich in diesem Krieg an ihrer Seite. Bis zu dem Tag, an dem ich mitten im Kampf Menelaos herbeieilen sah, er suchte mich, und als er bei mir war, schaute er mir in die Augen und sagte: »Patroklos ist tot, Antilochos, diese Nachricht hätte ich dir nie bringen wollen, aber die Wahrheit ist, dass Patroklos tot ist, getötet von den Troern.« Ich brachte kein Wort heraus, fing nur an zu weinen, dort mitten in der Schlacht. Ich hörte die Stimme des Menelaos brüllen: »Du musst zu den Schiffen laufen und Achill sagen, dass Patroklos tot ist. Er soll helfen, wir versuchen, seinen Leichnam in Sicherheit zu bringen, aber die Troer lassen uns nicht los, und sie sind zu stark für uns. Los, lauf!« Und ich ging. Ich legte die Waffen ab, um leichter zu sein, und lief durch die ganze Ebene, aber ich konnte nicht aufhören zu weinen, die ganze Zeit. Als ich zu den Schiffen kam, traf ich auf Achill, der zum Horizont spähte, um zu erkennen, was in der Schlacht vor sich ging. Ich blieb vor ihm stehen. Ich weiß nicht, wo ich hinschaute, als ich zu sprechen anfing: »Achill, Sohn des tapferen Peleus, es ist etwas geschehen, das nie hätte geschehen dürfen, und ich muss dir die Nachricht überbringen. Patroklos ist tot, und die Achäer kämpfen um seine nackte Leiche, denn Hektor hat ihm die Waffen abgenommen.« Eine schwarze Wolke des Schmerzes umhüllte den Helden. Er ließ sich auf die Erde fallen, und mit beiden Händen packte er den Staub und streute ihn auf sein Haupt und über sein schönes Antlitz. Aus den Zelten kamen die Kriegssklavinnen gelaufen und stimmten um ihn herum ein Klagegeschrei an, wobei sie sich auf die Brust schlugen und auf die Knie fielen. Achill schluchzte. Ich beugte mich zu ihm hinunter und drückte seine Hände in den meinen, weil ich nicht wollte, dass er sich mit einer scharfen Klinge umbrachte. Er stieß einen fürchterlichen Schrei aus und rief zu seiner Mutter: »Mutter! Ich hatte dich um Schmerz für die Achäer gebeten, um sie für die Beleidigung büßen zu lassen, die sie mir angetan hatten, aber wie soll ich jetzt glücklich sein, jetzt, da ich auf immer den verloren habe, den ich vor allen anderen Gefährten ehrte und den ich liebte wie mich selbst! Fern von seiner Heimat ist er gestorben, und ich war nicht bei ihm, um ihn zu verteidigen. Ich hockte hier in meinem Zelt, verstehst du? Neben meinem Schiff hockte ich als ein unnützes Gewicht für die Erde, während er starb und so viele starben unter den Hieben Hektors, war ich hier, ich, der ich von allen Achäern in der Schlacht der Größte bin ... Oh, wenn doch für immer aus den Herzen der Menschen der Zorn verschwinden würde, denn er ist imstande, selbst die Weisesten verrückt zu machen, da er süß wie Honig in ihr Gemüt fließt und dann wie Rauch in ihren Kopf hochsteigt. Es muss mir gelingen, den Groll zu vergessen. Ich muss von hier weggehen und den Mann suchen, der meinen geliebten Gefährten getötet hat. Dann werde auch ich sterben, ich weiß es, Mutter, aber zuvor will ich mit meiner Lanze das Leben dieses Mannes vernichten und um mich so viel Tod säen, dass die Troerinnen der Zeit nachweinen werden, in der dieser Krieg ohne mich geführt wurde.« So brüllte er weinend, aber er blieb im Staub liegen. Da sagte ich zu ihm: »Achill, steh auf, die Achäer brauchen dich jetzt. Sie versuchen den Leichnam des Patroklos vor den Troern zu verteidigen, aber die Schlacht ist erbittert, und viele sterben. Hektor wütet, er will diesen Leichnam, er will ihm den Kopf abschneiden, um ihn aufzuspießen und als Trophäe auszustellen. Bleib nicht hier, Achill, welche Schande wäre es, wenn du zuließest, dass Patroklos den troianischen Hunden zum Fraß vorgeworfen würde?« Achill schaute mich an. »Wie soll ich in die Schlacht zurückkehren? Meine Waffen sind in der Hand der Troer, es darf nicht geschehen, dass ich mit Waffen kämpfe, die meiner nicht würdig sind. Welcher Held würde das tun? Wie soll ich es tun?« Da sagte ich zu ihm: »Ich weiß, deine Waffen sind in Hektors Hand, aber auch so, steh auf und zeige dich den Troern, ohne Waffen, sie werden Angst bekommen, und die Unseren werden ein wenig Atem schöpfen können.« Da stand er auf. Und er ging zum Rand des Grabens, der Schlacht entgegen. Man sah die Unseren, die zurückliefen und hoch erhoben auf ihren Armen den Leichnam des Patroklos trugen, und

Hektor jagte mit den Seinen hinter ihnen her, folgte ihnen erbarmungslos, es war, als würde einem hungrigen Löwen ein Aas weggeschnappt, die beiden Ajaxe versuchten, ihn fernzuhalten, und er kam immer wieder ganz nahe, wie ein Feuer, das unverhofft aufflammt und eine Stadt bedroht. Achill blieb auf dem höchsten Rand des Grabens stehen. Er hatte keine Waffen bei sich, aber er leuchtete wie eine Flamme, wie eine goldene Wolke. Er beobachtete die Schlacht, und dann stieß er einen unheimlich lauten Schrei aus, wie einen Trompetenstoß. Die Troer waren wie zu Stein erstarrt, und die Pferde mit den schönen Mähnen bäumten sich auf, da sie den Geruch des Todes spürten. Dreimal schrie Achill. Und dreimal senkte sich der Schrecken in die Herzen der Troer. Wir sahen, wie sie mit den Wagen kehrtmachten und davoneilten und von Angst verzehrt die Schlacht verließen.

Als die Unseren den Leichnam des Patroklos in Sicherheit auf eine Bahre legten, näherte sich Achill. Er legte auf die Brust des Geliebten sanft seine Hände, Hände, die das Töten gewohnt waren, und stöhnte unaufhörlich wie ein Löwe, dem ein Jäger im tiefsten Dickicht des Waldes seine Jungen geraubt hat.

AGAMEMNON

Sie beweinten den Leichnam die ganze Nacht. Sie hatten ihm Blut und Staub abgewaschen und die Wunden mit feinster Salbe eingerieben. Damit er seine Schönheit nicht verlor, hatten sie ihm Nektar und Ambrosia in die Nasenlöcher geträufelt. Dann hatten sie den Leichnam auf eine Totenbahre gelegt, in feinstes Linnen eingewickelt und mit einem weißen Umhang zugedeckt. Patroklos. *Er war noch so jung, ich weiß nicht einmal genau, ob er ein Heroe war. Jetzt hatten sie einen Gott aus ihm gemacht.*

Der Tag brach an, und sie klagten noch immer, *und es begann der Tag, der in meiner Erinnerung immer der Tag meines Endes bleiben wird.* Sie brachten Achill die Waffen, welche die besten achäischen Handwerker für ihn über Nacht mit göttlicher Kunstfertigkeit angefertigt hatten. Sie legten sie ihm zu Füßen. Er lag eng umschlungen mit dem Leichnam des Patroklos und schluchzte. Er wandte seinen Blick zu den Waffen. Und seine Augen erglänzten in einem unheilvollen Licht. Es waren Waffen, wie sie noch keiner gesehen oder getragen hatte. Ein Gott schien sie für einen Gott gemacht zu haben. *Eine Versuchung, der Achill nie würde widerstehen können.*

So stand er endlich auf, entfernte sich von dem Leichnam und berief mit lautem Schreien und großen Schritten zwischen den Schiffen sich bewegend seine Krieger zur Versammlung ein. Mir wurde klar, dass unser Krieg sich entscheiden würde, als ich im Laufschritt die Steuermänner der Schiffe und die Proviantmeister der Küchen herbeieilen sah, die sonst nie zu einer Heeresversammlung kamen. Aber an dem Tag kamen auch sie, sich um die Helden und die Fürsten zu scharen, weil sie erfahren wollten, was ihr Geschick sein würde. Ich wartete, bis sie sich alle gesetzt hatten. Ich wartete, bis Ajax kam und Odysseus in der ersten Reihe Platz genommen hatte. Ich sah sie wegen ihrer Wunden daherhinken. Dann betrat ich als Letzter die Versammlung.

Achill erhob sich. Alle schwiegen. »Agamemnon«, sagte er, »es war keine gute Idee, dass wir, ich und du, wegen eines Mädchens gestritten haben. Wäre es sofort gestorben, als es auf mein Schiff kam, dann wären viele Achäer nicht gestorben, während ich abseits saß, eingeschlossen in meinen Zorn. Wie auch immer es gewesen sein mag, es ist jetzt Zeit, das Herz in der Brust zu bändigen und die Vergangenheit zu vergessen. Heute gebe ich meinen Zorn auf und kämpfe wieder. Ruf du die Achäer zusammen und fordere sie auf, mit mir zu kämpfen, damit die Troer endlich aufhören, hier bei unseren Schiffen zu schlafen.«

Von allen Seiten jubelten die Krieger. In dem großem Lärm nahm ich das Wort. Ich blieb auf meinem Platz sitzen und bat sie um Ruhe. Ich, der König der Könige, musste sie um Ruhe bitten. Dann sagte ich: »Ihr habt mir große Vorwürfe gemacht, weil ich an jenem Tag dem Achill sein Ehrengeschenk wegnahm. Heute weiß ich, das war ein Fehler von mir. Aber machen nicht auch die Götter Fehler? Die Torheit ist leichtfüßig und streift die Erde nicht, aber sie geht in den Köpfen der Menschen um zu deren Verderben; und sie packt sich alle nacheinander, wann es ihr am besten behagt. Mich hat sie an jenem Tag gepackt und mir den Verstand genommen. Heute will ich diesen Fehler gutmachen, indem ich dir unendlich viele Geschenke mache, Achill.«

Er hörte mir zu. Dann sagte er, er nehme meine Geschenke

an, aber nicht an diesem Tag, er müsse in die Schlacht gehen, ohne noch einmal Zeit zu verlieren, denn eine große Unternehmung erwarte ihn. Er war so wahnsinnig gierig auf Krieg, dass er keine Stunde mehr hätte warten können.

Da erhob sich Odysseus. »Achill«, sagte er, »du kannst das Heer nicht in die Schlacht führen, ohne ihm vorher zu essen zu geben. Sie werden den ganzen Tag kämpfen müssen, bis zum Sonnenuntergang. Und nur wer gegessen und getrunken hat, kann die Schlacht mit sicherem Mut und starken Gliedern durchhalten. Hör auf mich: Schick die Krieger zu den Schiffen zurück, damit sie sich eine Mahlzeit zubereiten. Und inzwischen lassen wir von Agamemnon die Geschenke für dich bringen, hierher in die Versammlung, damit alle sie sehen und bewundern können. Und dann lass Agamemnon hier vor allen feierlich schwören, dass er sich mit Brisëis nicht vereint hat, wie es die Männer mit den Frauen zu tun pflegen. Dein Herz wird ruhiger sein, wenn du in die Schlacht ziehst. Und du, Agamemnon, lass ein reiches Festmahl anrichten in deinem Zelt, für Achill, damit die Gerechtigkeit, die ihm gebührt, erfüllt werde. Es ist eines Königs würdig, um Verzeihung zu bitten, wenn er jemanden beleidigt hat.«

So sprach er. Aber Achill wollte nichts davon wissen. »Die Erde ist von den Toten bedeckt, die Hektor gesät hat, und ihr wollt essen? Wir essen bei Sonnenuntergang, ich will, dass dieses Heer hungrig kämpft. Patroklos liegt als Leichnam hier und wartet auf Rache. Ich sage euch, weder Speise noch Trank werden meine Kehle berühren, bis ich ihn gerächt habe. Mir liegt jetzt nichts an Geschenken und Festmählern. Ich will Blut, Gemetzel und Klagen.«

So sagte er. *Aber Odysseus war nicht der Typ, der nachgibt. Ein anderer hätte seinen Kopf gesenkt, ich hätte es getan, aber nicht er.* »Achill, du bester unter den Achäern, du bist stärker als ich beim Schwingen der Lanze, das ist sicher, aber ich bin weiser als du, weil ich alt bin und viel gesehen habe. Nimm meinen Rat an. Es wird eine harte Schlacht werden, und wir werden uns sehr anstrengen müssen, bevor wir sie gewinnen. Es ist richtig, dass wir unsere Toten beweinen, aber ist es nötig, dass wir es mit leerem Bauch tun? Ist es nicht auch unser Recht, uns von der Mühe zu erholen und mit Speisen und Wein unsere Kräfte wiederzufinden? Lass uns den, der stirbt, starken Mutes begraben und vom Aufgang bis zum Untergang der Sonne beweinen. Aber dann denken wir an uns, damit wir den Feind wieder verfolgen können: mit unserer Kraft, ohne Unterlass, ohne Atempause, unter den bronzenen Rüstungen. So befehle ich, niemand soll in die Schlacht gehen, ohne vorher gegessen und getrunken zu haben: Dann stürzen wir uns alle zusammen auf die Troer und kämpfen erfrischt in der schrecklichen Schlacht.«

So sprach er. Und sie gehorchten ihm. Und auch Achill gehorchte ihm. Odysseus nahm einige junge Leute und ging mit ihnen zu meinem Zelt. Eines nach dem anderen trug er alle Geschenke hinaus, die ich versprochen hatte: Dreifüße, Pferde, Frauen, Gold. Und Brisëis. Er brachte alles in die Versammlung, und dann sah er mich an. Ich stand auf. Die Wunde am Arm tat mir wahnsinnig weh, ich erhob mich. Ich, der König der Könige, erhob die Arme zum Himmel und musste vor allen diese Worte aussprechen: »Ich schwöre vor Zeus, der Erde, der Sonne und den Erinnyen, dass nie meine Hand das Mädchen, das Brisëis heißt, berührt hat und dass ich nie mit ihr das Bett geteilt habe. Sie ist in meinem Zelt geblieben, und jetzt gebe ich sie unversehrt zurück. Die Götter mögen mir entsetzliche Strafen senden, wenn ich nicht die Wahrheit gesagt habe.«

Ich log nicht. Das Mädchen hatte ich mir zwar genommen, aber nicht ihr

Herz. Ich sah sie über dem Leichnam des Patroklos weinen und hörte sie sprechen, wie ich sie nie gehört hatte. »Patroklos, du warst meinem Herzen so lieb! Ich habe dich lebendig zurückgelassen, und jetzt finde ich dich tot wieder. Mein Unglück nimmt kein Ende. Ich sah meinen Mann sterben, verunstaltet von der Lanze des Achill, ich sah alle meine Brüder sterben, vor den Mauern Troias. Und wenn ich sie beweinte, hast du mich immer getröstet und mir liebevoll gesagt, du würdest mich nach Phthia bringen, und dort würde mich Achill zur Gemahlin nehmen und wir alle würden in Freuden die Hochzeit feiern. Um dein liebevolles Wesen weine ich, während ich um dich, Patroklos, weine.« Und sie drückte den Leichnam schluchzend unter den Klagen der anderen Frauen.

Achill wartete, dass das Heer eine Mahlzeit einnahm. Er wollte selbst weder Speisen noch Wein zu sich nehmen. Als die Männer begannen, aus den Zelten und aus den Schiffen zu kommen, legte er seine neuen Waffen an. Die schönen Beinschienen mit Silberbesatz an den Knöcheln; den Panzer, der die Brust umschloss; das Schwert, über die Schultern gehängt; den Helm, der auf seinem Kopf wie ein Stern leuchtete. Und die Lanze, die berühmte Lanze, die er von seinem Vater bekommen hatte, um den Helden den Tod zu bringen. Zuletzt nahm er den Schild in den Arm: Der war riesig und mächtig und schimmerte wie Mondlicht. Der ganze Kosmos war auf ihm eingraviert: das Land und das Wasser, die Menschen und die Sterne, die Lebenden und die Toten. *Wir kämpften mit den Waffen in der Hand: Dieser Mann ging in die Schlacht, und in seiner Hand hielt er die Welt.*

Ich sah ihn glänzend wie die Sonne auf den Wagen steigen und seinen unsterblichen Pferden zubrüllen, sie sollten ihn zur Rache fortbringen. Er war ihnen böse, weil sie nicht imstande gewesen waren, Patroklos dem Tod zu entreißen, da sie aus der Schlacht wegliefen. So beschimpfte er sie und brüllte sie an. Die Legende erzählt, sie hätten ihm, die Schnauzen neigend und an den Zügeln reißend, mit menschlicher Stimme erwidert und gesagt: Wir werden laufen wie der Wind, Achill, aber schneller als wir läuft dein Geschick dem Tod entgegen.

DER FLUSS

Ich hatte jahrelang Krieg gesehen, denn ein Fluss fließt nicht blind mittendurch, wo Menschen sind. Und jahrelang hatte ich Klagen gehört, denn ein Fluss fließt nicht taub vorbei, wo Menschen sterben. Stets unbeirrbar hatte ich den Widerschein dieser grausamen Fehde ans Meer getragen. Aber an jenem Tag war es zu viel: zu viel Blut, zu viel Grausamkeit, zu viel Hass. Am Tag der Glorie des Achill lehnte ich mich auf, angewidert. Wenn ihr keine Angst vor den Märchen habt, hört euch dieses hier an.

Der Tag brach an, und vor der Mauer der Achäer scharten sich die beiden unermesslich großen Heere eins dem anderen gegenüber. Ich sah die bronzenen Waffen zu Tausenden im ersten Sonnenlicht funkeln. Achill stand vor den Seinen, überwältigend mit den neuen göttlichen Waffen. Und in der ersten Reihe vor den Troern Aeneas, der Sohn des Anchises. Drohend, den mächtigen Helm schüttelnd, trat er weiter vor. Darauf hatte Achill gewartet. Mit einem Satz kam er aus den Reihen seiner Krieger, und stellte sich genau vor Aeneas hin; er schäumte vor Wut wie ein verwundeter Löwe, und wie einen verwundeten Löwen dürstete ihn nach Rache und Blut. Er begann zu schreien: »Aeneas, was denkst du eigentlich, willst du mich etwa herausfordern? Glaubst du, Priamos wird dir seine Krone geben, wenn du siegst? Er hat doch Hektor und alle seine Söhne, du wirst doch nicht meinen, er übergibt dir seine Macht? Verschwinde, solange du noch Zeit hast. Wir beide haben uns schon einmal herausgefordert, und du weißt, wie es ausgegangen ist: Du bist davongelaufen, nichts als davongelaufen. Diesmal lauf sofort davon: Dreh dich um und lauf. Und schau nicht mehr zurück.«

»Du glaubst wohl, du kannst mir Angst machen, was?«, antwortete Aeneas. »Aber ich bin kein Kind, ich bin ein Held. In meinen Adern fließt edles, göttliches Blut, genau wie in den deinen. Und ich habe keine Lust, hier mit dir Beschimpfungen auszutauschen, als wären wir zwei Weiber, die auf der Straße streiten, statt zwei Helden im Gefecht und im blutigen Schlachtgedränge. Lass das Reden, Achill. Kämpfe.«

Er packte seine Lanze fest und schleuderte sie. Die bronzene Spitze hallte wider auf dem riesigen, herrlichen Schild des Achill. Zwei Schichten Bronze außen, zwei Schichten Zinn innen. Und dazwischen eine Schicht Gold. Die Lanze des Aeneas drang durch die Bronze, aber im Gold blieb sie stecken.

Da erhob Achill seine Lanze. Aeneas streckte den den Schild haltenden Arm nach vorn. Die bronzene Spitze flog schnell durch die Luft, riss den Schild auf und flog einen Hauch über dem Kopf des Aeneas und bohrte sich dann hinter ihm in die Erde. Aeneas erstarrte vor Angst. Der Wurf hatte ihn um ein Haar verfehlt. Achill zog das Schwert aus der Scheide. Mit einem fürchterlichen Schrei warf er sich nach vorn. Aeneas fühlte sich verloren. Er nahm einen großen Stein, den er am Boden fand, in seine Hände. Er hob ihn hoch, um sich zu verteidigen. Und ich sah Achill plötzlich wie geblendet den Schwung verlieren, als ob in seinem Kopf etwas geschehen würde, sah ihn sogar verstört innehalten, die Augen nach allen Seiten drehen, als würde er etwas suchen, das er verloren hatte. Aeneas dachte nicht lange nach. Er wandte sich um und lief, bis er unter den Troern verschwand. So sah ihn Achill nicht mehr, als er wieder zu sich kam. Die Lanze, die ihn um ein Haar verfehlt hatte, war noch da und steckte in der Erde, aber er war weg. »Das ist ein Zauber«, murmelte Achill.

»Aeneas muss einem Gott sehr lieb sein, wenn er so verschwinden kann. Soll er in sein Verderben rennen! Mit ihm brauche ich mich nicht zu befassen. Es wird Zeit, dass ich mich in die Schlacht stürze.« So sagte er und fiel über die Troer her.

Als Ersten tötete er den Iphition, traf ihn am Kopf, der Kopf zersprang in zwei Hälften, der Helm fiel krachend zu Boden, und die Räder der achäischen Wagen fuhren darüber. Dann tötete er den Demoleon, traf ihn an der Schläfe, denn der bronzene Helm leistete nicht genug Widerstand, und die Lanzenspitze zerquetschte ihm das Gehirn. Die Finsternis senkte sich über die Augen des Helden. Dann tötete er den Hippodamas, während er vor Schrecken zu fliehen versuchte: In die Mitte des Rückens getroffen, fiel er zu Boden und röchelte wie ein Tier. Die Seele entfloh aus dem Körper des Helden. Dann tötete er den Polydoros, den Liebling und jüngsten Sohn des Priamos. Achill traf ihn mitten in den Rücken, die Lanze durchbohrte den Körper und kam zur Brust wieder heraus, der Held fiel mit einem Schrei auf die Knie, und eine dunkle Wolke umhüllte ihn. Als Hektor sah, dass sein kleiner Bruder, die Eingeweide in der Hand, auf den Knien lag, überkam ihn die Wut, und er vergaß jegliche Vorsicht. Er wusste, dass er in Deckung bleiben musste, um Achill mitten im Gewühl zu erwarten, wo er sich im Schutz seiner Gefährten befand. Aber er sah seinen Bruder auf solche Weise sterben, verlor den Verstand und stürmte schreiend auf Achill zu. Achill sah ihn, und in seinen Augen leuchtete das Licht des Triumphs auf. »Komm, Hektor, komm näher«, brüllte er, »komm her zu deinem Tod!« »Du machst mir keine Angst, Achill«, erwiderte er, »ich weiß, dass du stärker bist als ich, aber meine Lanze kann genauso töten wie deine. Das Geschick wird entscheiden, wer sterben muss.« Dann schleuderte er seine Lanze, aber die bronzene

Spitze bohrte sich nicht weit von ihm in den Boden. Achill glaubte ihn jetzt in der Hand zu haben. Mit einem entsetzlichen Brüllen warf er sich nach vorn und schwang seine Lanze. Aber aufs neue wurde es ihm dunkel vor den Augen, und in seinem Kopf geriet etwas in Verwirrung. Dreimal warf er sich nach vorn, aber wie blindlings, als würde er von einem dichten Nebel umgeben kämpfen. Als er wieder zu sich kam, war Hektor nicht mehr da, verschwunden unter den Troern. Wutentbrannt warf sich Achill gegen alles, was er um sich vorfand. Er tötete Dryops, den er am Hals traf. Und Demouchos, den er zuerst am Knie, dann am Bauch traf. Laogonos tötete er mit der Lanze, und Dardanos mit dem Schwert. Vor Schreck fiel Troos vor ihm auf die Knie und bat um Mitleid. Er war noch ein Junge, so jung wie Achill selbst. Achill durchbohrte ihm die Leber mit einem Schwerthieb, die Leber spritzte heraus, und schwarzes Blut floss aus dem Körper des Helden. Den Mulios tötete er mit einem Stich ins Ohr, die bronzene Spitze bohrte sich durch den Kopf und kam unter dem anderen Ohr wieder heraus. Mit dem Schwert tötete er den Echeklos, dem er den Schädel aufriss. Mit der Lanze traf er Deukalion am Ellbogen; dann schlug er ihm mit dem Schwert den Kopf ab: Das Mark spritzte aus den Wirbeln, der Rumpf des Helden fiel zu Boden. Mit der Lanze durchbohrte er dem Rhigmos den Bauch, und mit einem Stoß in den Rücken tötete er dessen Schildträger Areithoos. Er war wie ein Feuer, das, von einem starken Wind getrieben, einen unermesslich weiten Wald niederbrennt. Das schwarze Blut floss auf die Erde. Und er hielt ruhmgierig nicht inne, seine Hände waren mit Lehm und Blut beschmutzt.

In Angst und Schrecken flohen die Troer auf die Felder. Als sie mich in der Mitte der Ebene fließen sahen, warfen sie sich wie Tiere, die vor einem Brand fliehen, rettungsuchend in meine Wasser. Achill kam bis zu meinen Ufern, dann legte er die Lanze auf die Erde und warf sich, nachdem er das Schwert aus der Scheide gezogen hatte, auch ins Wasser. Er tötete alles, was ihm unterkam. Ich hörte Stöhnen und Schmerz von allen Seiten, während sich meine Wasser rot färbten von dem vielen Blut. Ich sah, wie Achill einen nach dem anderen zwölf junge Troer nahm und sie, statt sie umzubringen, der Reihe nach ans Ufer brachte, sie gefangennahm, um sie vor dem Leichnam des Patroklos zu opfern: Er holte sie, verängstigten Rehen gleich, einen nach dem anderen aus dem Wasser, um sie bei den schwarzen Schiffen umzubringen. Dann drehte er sich um und warf sich wieder ins Gedränge, um das Gemetzel fortzusetzen. Er war noch am Ufer, als Lykaon plötzlich vor ihm stand: ein Junge, den sein Vater Priamos gerade aus der Gefangenschaft freigekauft hatte; seit kurzem war er erneut in der Schlacht. Jetzt war er ohne Waffen, er hatte alles weggeworfen, um leichter durch den Fluss zu kommen, so stand er nackt und erschrocken da. »Was sehen meine Augen?«, sagte Achill. »Schon einmal bin ich dir in der Schlacht begegnet und habe dich lebend gefangen, um dich in Lemnos als Sklaven zu verkaufen. Und jetzt stehst du wieder da. Sieh mal, die Troer, die ich in die Unterwelt geschickt habe, kommen wieder zurück. Aber diesmal kommst du nicht mehr zurück, Lykaon.« Er erhob die Lanze, um ihn zu treffen. Aber Lykaon warf sich auf die Knie, und die Lanze streifte seinen Rücken und blieb im Boden stecken. »Hab Erbarmen«, sagte weinend Lykaon. »Ich bin gerade erst wieder in die Schlacht zurück, und wieder stehe ich vor dir, warum hassen mich die Götter so? Hab Erbarmen, du hast schon meinen Bruder Polydoros getötet, verschone mich: Du willst doch Hektor von allen Söhnen des Priamos.« Aber Achill schaute ihn mit grausamem Blick an: »Unglückseliger, zu mir redest du von Erbarmen?

Bevor ihr Patroklos umgebracht hattet, da hatte ich Erbarmen, und ich habe viele Troer verschont. Aber jetzt ... wird keiner mehr lebend aus meinen Händen entkommen. Hör auf zu weinen. Einer wie Patroklos ist gestorben, der viel mehr wert war als du, warum solltest du nicht sterben? Schau mich an, wie stark und schön ich bin, und trotzdem werde ich sterben, es wird ein Morgengrauen oder einen Sonnenuntergang oder einen Mittag geben, der wird mich sterben sehen. Da weinst du, weil du sterben musst?« Lykaon senkte den Kopf, streckte zu einem letzten Flehen die Arme nach vorne. Achill stieß das Schwert bis zum Knauf in seinen Körper von oben nach unten, er stach unterhalb des Schlüsselbeins hinein. Lykaon stürzte hin. Achill packte ihn an einem Fuß und schleifte ihn in mein Wasser. »Nicht deine Mutter wird dich auf deiner Totenbahre beweinen«, sagte er. »Sondern dieser Fluss wird dich ins Meer tragen, wo dich die Fische verzehren werden.« Aber dann fing er an zu brüllen. »Alle werdet ihr sterben! Dieser Fluss wird euch nicht retten, ich werde euch bis vor die Mauern Troias verfolgen. Ihr werdet alle einen schlimmen Tod sterben und alle für das büßen, was ihr dem Patroklos angetan habt.« Und er ging wieder ins Wasser und tötete den Asteropaios, den Thersilochos und den Mydon, den Astipylos, Mnesos, Thrasios, Ainios und Ophelestes. Es war ein Abschlachten. Da fing ich an zu schreien. »Weg von mir, Achill, geh weit weg von mir, wenn du in deinem Töten fortfahren willst. Hör auf, Leichen in meine schönen Wasser zu werfen, ich habe nicht die Kraft, sie alle bis zum Meer zu tragen. Mir graut vor dir, Achill. Hör auf oder geh weg.« Und Achill antwortete mir: »Ich werde gehen, wenn ich sie alle getötet habe, Fluss.« Deshalb erweckte ich da eine ungeheuer hohe, furchterregende Welle, die sich in die Luft erhob und sich dann auf seinem Schild wölbte und über ihn ergoss. Ich sah ihn, wie er etwas suchte, an dem er sich festhalten konnte, eine große üppige Ulme stand am Ufer, an ihre Zweige hängte er sich, aber die Woge nahm auch den Baum mit, samt den Wurzeln und allem fiel er ins Wasser und riss auch ihn mit. Da richtete sich Achill auf, und mit einer übermenschlichen Anstrengung gelang es ihm, aus den Strudeln herauszukommen und ans Ufer zu kommen, und dann versuchte er in die Ebene hinein davonzulaufen. Ich verfolgte ihn auch dorthin. Über die Dämme hinausströmend, verfolgte ich ihn mit meinen Wassern, wobei ich die Felder überflutete. Er floh, und die große Welle, die ich geworden war, war ihm auf den Fersen. Und wenn er stehenblieb und sich umdrehte, überflutete ich ihn, und er lief wieder weiter, sobald er wieder Boden unter den Füßen hatte, bis ich ihn, den göttlichen Achill, schließlich schreien hörte: »Mutter! Mutter! Kommt denn niemand und rettet mich? Warum hast du dann zu mir gesagt, ich würde vor den Mauern Troias umkommen? Wenn mich wenigstens Hektor umgebracht hätte, der Stärkste von allen! Ich bin ein Held, und ein Held muss mich töten. Aber es ist mein Geschick, eines so armseligen Todes zu sterben, vom Fluss mitgerissen wie irgendein elender Schweinehirt!« Er lief im Wasser, Leichen und Waffen schwammen und drehten sich um ihn herum. Mit einer göttlichen Kraft lief er, aber ich wusste, wusste, es würde ihn nicht retten seine Kraft, nicht seine Schönheit, nicht seine leuchtenden Waffen, er würde schlammbedeckt auf dem Grund des Sumpfes enden, und ich würde auf ihn Sand und Kies schütten, und auf immer, auf immer würde ich sein undurchdringliches Grab werden. Ich kletterte hoch in die Luft in einer letzten riesenhaften Welle, die ihn in einem Gebrodel von Schaum, Leichen und Blut mitnehmen würde. Da sah ich das Feuer. Von der Ebene her kam unerklärlich, magisch das Feuer. Es brannten die Ulmen, die Weiden, die Tamariskensträucher, es brannten der Lotus, die Binsen und Schilfgras, es brannten die Leichen, die Waffen und die Männer. Ich hielt inne. Das Feuer holte mich ein. Was noch nie jemand gesehen hatte, sahen an dem Tag alle: einen Fluss in Flammen. Das Wasser kochte, die Fische flitzten in Angst und Schrecken von einem heißen Strudel zum anderen. So würde ich viele Nächte später die Troer beim Brand ihrer Stadt fliehen sehen.

Von meinem Bett aus, in das ich zu den gewohnten Strömungen zurückgekehrt war, sah ich Achill, der die Troer bis zu den Mauern von Ilios verfolgte. Von einem Turm aus betrachtete Priamos die Niederlage. Er ließ die Tore öffnen, damit sein Heer sich in die Stadt flüchten konnte, und befahl sie sofort wieder zu schließen, sobald der letzte Krieger durchgegangen war. Aber der letzte Krieger war der stärkste, sein erstgeborener Sohn, der Held, der nie mehr durch dieses Tor gehen sollte.

ANDROMACHE

Sie flüchteten sich in die Stadt wie zu Tode erschrecktes Wild. Priamos hatte die Skäischen Tore weit öffnen lassen, sie kamen in die Stadt gelaufen, und eiligst stiegen sie noch schweißbedeckt und durstig auf die Mauern und drückten sich ans Geländer, um in die Ebene hinunterzuschauen. Zu Tausenden fanden sie Rettung im Bauch der Stadt. Nur einer blieb draußen vor den Toren, festgenagelt von seinem Geschick. Es war der Mann, den ich liebte, der Vater meines Sohns.

Aus der Ferne kam Achill herangeeilt, vor seinen Kriegern, schnell wie ein siegreiches Pferd, wie ein Stern leuchtend, finster glänzend wie eine Vorahnung des Todes. Vom Turm aus erkannte ihn Priamos und verstand die Lage. Er konnte sich nicht zusammenreißen und weinte vor allen, der alte große König, während er mit den Händen auf sein Haupt schlug und murmelte: »Hektor, mein Sohn, geh weg von hier. Achill ist zu stark für dich, stell dich ihm nicht allein. Du siehst, dieser Mann tötet meine Söhne einen nach dem anderen, lass dich nicht von ihm töten, rette dein Leben und rette dann die Troer. Ich will nicht von einer Lanze durchbohrt sterben, an dem Tag, an dem unsere Stadt eingenommen werden wird. Ich will nicht sehen, dass alle meine Söhne getötet werden, meine Töchter als Sklavinnen genommen, die Ehebetten verwüstet, die Kinder in den Staub mitten ins Gemetzel geworfen werden. Ich will nicht im Staub enden und von den Hunden zerfleischt werden, die ich noch einen Tag vorher von den Resten meiner Tafel ernährte. Du, Hektor, bist jung, wer jung ist, bleibt schön auch im Tod, in jedem beliebigen Tod, du brauchst dich nicht zu schämen, wenn du stirbst, aber ich … denk an einen alten Mann und an die Hunde, die sich über ihn beugen und seinen Schädel verschlingen, ihm das Geschlecht abreißen und sein Blut trinken. Denk an das weiße Haar, die weiße Haut, denk an die Hunde, die sich dann gesättigt unter den Arkaden ausstrecken … Ich bin zu alt, um so zu sterben. Lass mich in Frieden sterben, mein Sohn.«

Der große König weinte. Und Hekuba, die Königin und Mutter, weinte. Sie hatte ihr Gewand vorn geöffnet und flehte mit bloßem Busen den Sohn an, er solle sich erinnern an die Zeit, als er zu diesem Busen lief, um für seine Kindertränen Trost zu suchen: Er sollte jetzt wieder zu ihr kommen wie früher, anstatt sich vor den Stadtmauern von einem grausamen Mann umbringen zu lassen, der kein Erbarmen mit ihm haben würde. Aber Hektor hörte nicht auf sie. Er stand an die Mauer gelehnt und wartete auf Achill, wie eine Schlange voll mit Gift vor ihrer Höhle auf einen Menschen wartet. In seinem Herzen trauerte er um die vielen Helden, die an diesem Kriegstag gestorben waren, und er wusste, dass er sie getötet hatte, als er sich weigerte, das Heer bei der Rückkehr des Achill zurückzuziehen. Er hatte sie verraten, und um die Liebe seines Volkes wiederzugewinnen, konnte er nur eines tun: diesen Mann zum Kampf herausfordern. Vielleicht dachte er einen Augenblick lang, die Waffen niederzulegen und dem Krieg ein Ende zu machen, indem er Helena und alle ihre Reichtümer zurückgab und noch andere dazu. Aber er wusste, dass Achill durch nichts aufzuhalten war, außer durch die Erfüllung seiner Rache. Er sah ihn heraneilen im Glanz seiner

Waffen wie eine aufgehende Sonne. Er sah, wie er vor ihm stehenblieb, die Lanze über der rechten Schulter erhoben, schrecklich, wie nie ein Mensch erscheinen könnte, sondern nur ein Gott, der Gott des Krieges. Furcht und Schrecken ergriffen sein Herz. Er floh, Hektor, er floh, so schnell er konnte, die Mauern entlang. Wie ein Falke stürzte in seinem Grimm Achill hinter ihm her. Dreimal liefen sie um Troia herum wie zu einem Rennen losgelassene Pferde. Aber diesmal ging es nicht um Gold oder Sklaven oder Reichtümer: Das Leben Hektors war der Preis. Und jedes Mal, wenn sie an den Skäischen Toren vorbeikamen, schnitt Achill Hektor den Weg ab, trieb ihn hinaus in die Ebene, um zu verhindern, dass er sich in die Stadt flüchtete. Und so begannen sie aufs neue zu laufen. Es war wie im Traum, wenn wir jemanden verfolgen, aber ihn nicht einholen können, er aber auch nicht wirklich zu fliehen vermag, was die ganze Nacht dauern kann. Es dauerte, bis aus den Skäischen Toren Deiphobos herauskam, schnell an Hektors Seite lief und sagte: »Bruder, so wird dich Achill erschöpfen, bleib stehen, und wir werden es zusammen mit ihm aufnehmen.« Hektor sah ihn an, und sein Herz weitete sich: »Deiphobos, geliebter Bruder, du allein hast mich gesehen und den Mut gehabt, die Stadtmauern zu verlassen und mir zu Hilfe zu kommen.« »Der Vater und die Mutter wollten mich nicht gehen lassen«, sagte Deiphobos. »Aber ich konnte es nicht mehr aushalten, meine Bange war zu groß, und jetzt bin ich hier an deiner Seite. Bleiben wir stehen und kämpfen wir zusammen. Das Geschick wird entscheiden, ob wir siegen oder Achill.« So ging der seltsame Traum zu Ende. Hektor hörte auf zu fliehen. Achill blieb stehen. Langsam gingen sie aufeinander zu. Der Erste, der sprach, war Hektor: »Ich werde nicht mehr vor dir davonlaufen, Achill. Jetzt habe ich den Mut wiedergefunden, dir gegenüberzutreten. Aber du schwöre mir, dass du, wenn du siegen wirst, nur meine Waffen nimmst, aber nicht meine Leiche. Genauso werde ich mit dir verfahren.« Achill schaute ihn hasserfüllt an. »Hektor, Verfluchter, ich schließe keinen Pakt mit dir. Keinen Pakt gibt es doch zwischen Menschen und Löwen, Wölfen und Lämmern, ihre Zwietracht dauert fort. Denk lieber an den Kampf. Jetzt ist der Augenblick da, in dem du zeigen kannst, ob du wirklich der Krieger bist, für den du dich hältst.« Dann hob er seine Lanze, ließ sie in der Luft schwingen und schleuderte sie mit schrecklicher Kraft. Hektor sah sie kommen, schnell neigte er sich auf die Seite, und die bronzene Spitze flog über seine Schultern hinaus und bohrte sich in die Erde. Es stimmte also nicht, dass die Götter schon alles beschlossen hatten und der Name des Siegers schon geschrieben stand! Hektor packte seine Lanze fest, erhob sie über seinen Kopf und schleuderte sie. Die bronzene Spitze traf mitten auf den Schild des Achill, aber das war ein göttlicher Schild, nichts hätte ihn spalten können, die bronzene Spitze bohrte sich genau in seine Mitte, aber dort blieb sie stecken. Verwirrt schaute Hektor auf sie und drehte sich um, um sich von Deiphobos noch eine Lanze geben zu lassen. Er drehte sich um, aber Deiphobos war nicht mehr da. Er war davongelaufen, zurück in die Stadt, die Angst hatte ihn schließlich mitgenommen. Da war Hektor klar, dass ihn sein Geschick schließlich doch erreicht hatte. Und da er ein Held war, zog er sein Schwert, um im Kampf zu sterben, um so zu sterben, dass es alle zukünftigen Menschen auf immer erzählen würden. Er stürmte geduckt vor wie ein Adler, der sich begierig auf seine Beute stürzen will. Vor ihm stehend sammelte sich Achill im Glanz seiner Waffen. Sie sprangen aufeinander wie zwei Löwen. Die bronzene Spitze der Lanze des Achill bewegte sich wie der Abendstern leuchtend am nächtlichen Himmel. Sie suchte eine unbedeckte Stelle zwischen den Waffen Hektors, den Waffen, die einst dem Achill, dann dem Patroklos gehört hatten. Sie suchte zwischen der Bronze die kleine Öffnung, wo sie zum Fleisch und zum Leben vordringen konnte. Sie fand die Stelle dort, wo der Hals auf den Schultern ruht, der zarte Hals meines Geliebten. Sie drang in die Kehle und bohrte sich bis hinten durch. Hektor fiel in den Staub. Er schaute Achill an und sagte mit seinem letzten Lebenshauch: »Ich bitte dich, wirf mich nicht den Hunden vor, gib meine Leiche meinem Vater zurück.« Aber das Herz des Achill blieb hart, hoffnungslos hart. »Fleh mich nicht an, Hektor. Zu großes Leid hast du mir angetan, du kannst schon froh sein, dass ich dich nicht zerstückle und selber verzehre. Patroklos wird ein ehrenvolles Leichenbegängnis bekommen, so wie er es verdient. Du verdienst, dass dich Hunde und Vögel verschlingen, fern von deinem Bett und von den Tränen derer, die dich geliebt haben.« Hektor schloss die Augen, und der Tod umhüllte ihn. Die Seele entflog in den Hades und weinte über ihr Geschick, die verlorene Kraft und Jugend.

Achill zog die Lanze aus Hektors Körper. Dann bückte er sich, um ihm die Waffen abzunehmen. Alle Achäer eilten herbei, um es aus der Nähe zu sehen. Zum ersten Mal sahen sie diesen Körper nackt, ohne Rüstung. Seine Schönheit bewunderten sie zwar, doch widerstand kein Einziger der Versuchung, ihn mit dem Schwert oder der Lanze einen Schlag zu versetzen. Sie lachten. »Jetzt ist er allerdings viel weicher, dieser Hektor, als damals, als er unsere Schiffe anzündete.« Sie lachten und schlugen ihn, bis Achill befahl, aufzuhören. Er beugte sich über Hektor und bohrte mit einem Messer ein Loch in seine Fußknöchel, mittendurch. Durch das Loch zog er Lederriemen und band sie fest an seinen Wagen. Und zwar so, dass der Körper herabhing, der Kopf im Staub war. Dann nahm er Hektors Waffen, seine Trophäe, und stieg auf den Wagen. Er peitschte die Pferde, und die flogen davon. Über Hektors Leichnam, im Schmutz gezogen, hing eine schwarze Wolke aus Staub und Blut.

Dein Antlitz war so schön. Und jetzt schleift es im Schmutz mit den schönen braunen Haaren, die jetzt ausgerissen im Staub fliegen. Fern voneinander waren wir beide geboren, du in Troia und ich in Theben, aber ein einziges Schicksal erwartete uns. Und es war kein glückliches Schicksal. Jetzt lässt du mich als Witwe in deinem Haus in den entsetzlichsten Schmerz versinken. Der Sohn, den wir zusammen haben, ist noch so klein: Du wirst ihm nicht helfen können, und er wird dir nicht helfen können. Wenn er diesen Krieg überhaupt überleben wird, werden Schmerz und Qual immer an seiner Seite sein, denn wer keinen Vater hat, verliert die Freunde, und nur mit Mühe verteidigt er seinen Besitz. Mit gesenktem Blick, von Tränen überströmtem Gesicht wird er schutzsuchend andere Väter am Ärmel ziehen, und mancher wird einen mitleidvollen Blick auf ihn werfen, aber das ist, wie wenn man einem Dürstenden die Lippen feuchtet. Aber trotzdem, die Troer nannten dieses Kind den »Herrn der Stadt«, weil es dein Sohn war und du derjenige warst, der – allein – diese Stadt verteidigte. Hektor … Das Geschick ließ dich fern von mir sterben, und dies wird für immer der größte Schmerz für mich sein: dass deine letzten Worte nicht für mich waren. Ich hätte sie mein ganzes Leben bei mir behalten und mich immer daran erinnert: jeden Tag und jede Nacht meines Lebens. Unter den schwarzen Schiffen bist du jetzt Beute der Würmer, und dein nackter Körper, den ich so sehr liebte, wird zum Fraß der Hunde. Wunderbare, reiche Tuniken, Leibröcke, von Frauenhand gewebt, erwarteten dich hier. Ich werde in den Königspalast gehen, sie holen und ins Feuer werfen. Wenn das der einzige Scheiterhaufen ist, den ich zu deinen Ehren anzünden kann, dann werde ich es tun. Zu deinem Ruhm vor allen Männern und Frauen Troias.

PRIAMOS

Und alle sahen, wie sich der König im Schlamm wälzte, wahnsinnig vor Schmerz. Er wandte sich bald an den, bald an jenen und flehte, man möge ihn zu den Schiffen der Achäer gehen lassen, um sich den Leichnam des Sohnes zu holen. Mit Gewalt mussten sie ihn festhalten, den wahnsinnigen Alten. Tagelang blieb er unter seinen Söhnen sitzen, eingehüllt in seinem Umhang. Um ihn nur Jammer und Pein. Es weinten Männer und Frauen, alle, wenn sie an die verlorenen Helden dachten. Der Alte wartete, bis der Schlamm zwischen seinen Haaren und auf seiner weißen Haut hart wurde. Dann erhob er sich eines Abends. Er ging in sein Schlafgemach und ließ seine Gemahlin Hekuba rufen. Und als sie vor ihm stand, sagte er: »Ich muss dort hinuntergehen. Ich werde kostbare Gaben mitbringen, die das Herz des Achill erweichen werden. Ich muss es tun.« Hekuba begann zu verzweifeln. »Mein Gott, was ist mit deiner Weisheit, für die du so berühmt warst? Du willst zu den Schiffen, du allein, du willst vor den Mann treten, der so viele deiner Söhne getötet hat? Das ist ein Mann, der kein Erbarmen kennt, glaubst du, er wird mit dir Mitleid oder gar Respekt vor dir haben? Bleib hier und weine in deinem Haus, für Hektor können wir nichts mehr tun, es war sein Geschick, fern von uns zum Fraß der Hunde zu werden, Beute des Mannes, dem ich die Leber aus dem Leib beißen würde.« Aber der alte König antwortete ihr: »Ich muss dort hinuntergehen. Und auch du wirst mich nicht aufhalten. Wenn es mein Geschick ist, dass ich bei den Schiffen der Achäer sterbe, dann sterbe ich eben dort: Aber nicht, bevor ich meinen Sohn in die Arme genommen und meinen ganzen Schmerz über ihn ausgeweint habe.«

So sagte er und ließ dann die kostbarsten Schreine alle öffnen. Er wählte zwölf wunderschöne Obergewänder, zwölf Umhänge, zwölf Decken, zwölf Tücher aus schneeweißem Linnen und zwölf Tuniken. Er wog zehn Talente Gold, zwei funkelnde Dreifüße, drei Kessel und eine wundervolle Trinkschale, ein Geschenk der Thraker. Dann lief er hinaus und schrie allen Leuten, die in seinem Haus weinten, wütend zu: »Weg mit euch, ihr Elenden, ihr Schufte, habt ihr kein Haus, wo ihr zum Weinen hingehen könnt? Müsst ihr denn unbedingt hier sein und mich peinigen, reicht es euch nicht, dass Zeus mir den Hektor genommen hat, der der beste von allen meinen Söhnen war, ja, der beste, habt ihr gehört? Hast du mich gehört, Paris, und du, Deiphobos, und ihr Polytos, Agathon und Helenos? Er war der beste Sohn, warum seid ihr nicht an seiner Stelle gestorben, ihr elenden Hunde? He, ihr? Ich hatte einmal tapfere Söhne, aber ich habe sie alle verloren, und geblieben sind mir die schlechtesten, die Eitlen und die Lügner, die nichts können als tanzen und stehlen. Worauf wartet ihr noch, ihr Schufte, verschwindet hier und rüstet mir sofort einen Wagen, ich muss losfahren.« Alle zitterten bei dem Geschrei des alten Königs. Und ihr hättet sehen müssen, wie sie wegrannten, um den Wagen zu rüsten und die Geschenke aufzuladen, und die Maultiere, die Pferde und alles … Keiner hatte eine Widerrede. Als alles fertig war, kam Hekuba. In ihrer rechten Hand hielt sie eine Schale süßen Wein. Sie trat zu dem alten König und reichte sie ihm. »Wenn du wirklich fahren willst«, sagte sie, »gegen meinen Willen, trink zumindest auf Zeus zuvor und bitte ihn, er möge dich lebend zurückkehren lassen.« Der alte König nahm die Trinkschale, und da seine Gemahlin ihn darum bat, erhob er sie zum Himmel und bat Zeus, Mitleid zu haben und ihn dort, wo er hinging, Freundschaft und Erbarmen finden zu lassen. Dann stieg er auf den Wagen. Alle Geschenke hatten sie auf einen zweiten Wagen geladen, den Ideos, der weise Herold, lenkte. Sie fuhren weg, der König und sein treuer Diener, ohne Geleitschutz, ohne Krieger, allein, hinaus in die finstere Nacht.

Als sie zum Fluss kamen, machten sie halt, um die Tiere trinken zu lassen. Und dort sahen sie diesen Mann näher kommen, der aus dem Dunkel, aus dem Nichts aufgetaucht war. »Fahren wir davon, mein König«, sagte Ideos sofort voll Angst. »Fahren wir davon, sonst bringt er uns um.« Aber ich konnte mich nicht bewegen, ich war wie versteinert vor Angst, ich sah den Mann immer näher kommen, und ich war nicht imstande, etwas zu tun. Er ging auf mich zu, genau auf mich, und reichte mir die Hand. Er hatte das Aussehen eines jungen, schönen Fürsten. »Wohin gehst du, alter Vater?«, sagte er. »Fürchtest du nicht den Zorn der Achäer, deiner Todfeinde? Wenn dich einer von ihnen sieht, während du so viele Schätze beförderst, was tust du dann? Ihr seid nicht mehr jung, ihr beiden, wer soll euch verteidigen, wenn euch jemand anfällt? Gestattet, dass ich euch beschütze, ich will euch nichts Böses antun. Du erinnerst mich an meinen Vater.« Ein Gott schien ihn auf unseren Weg gebracht zu haben. Er glaubte, wir seien aus Ilios geflohen, die Stadt sei vom Schrecken überwältigt, wir seien auf und davon mit allen Schätzen, die wir hatten mitnehmen können. Er wusste von Hektors Tod und dachte, die Troer würden nun alle fliehen. Als er von Hektor sprach, sagte er, er stehe in der Schlacht unter keinem der Achäer. »Wer bist du, junger Fürst, dass du so von Hektor sprichst?« Und er sagte, er sei ein Myrmidone, im Gefolge des Achill in den Krieg gekommen, und jetzt sei er einer seiner Schildträger. Er sagte, er habe Hektor tausendmal kämpfen sehen, und er erinnere sich an ihn, als er die Schiffe angegriffen habe. Und er sagte, er komme vom Lager der Achäer, wo alle Krieger auf das Morgengrauen warteten, um Troia anzugreifen. »Aber wenn du von dort kommst, dann hast du Hektor ja gesehen, sag mir die Wahrheit, ist er immer noch im Zelt des Achill, oder haben sie ihn schon den Hunden zum Fraß vorgeworfen?« »Weder Hunde noch Vögel haben ihn verzehrt, alter Mann«, antwortete er, »du magst nicht daran glauben, aber sein Körper ist unversehrt geblieben. Zwölf Tage sind seit seiner Tötung verstrichen, aber er sieht aus, als wäre er gerade gestorben. Jeden Morgen, wenn der Tag anbricht, schleift ihn Achill mitleidlos um das Grab des Patroklos, um ihn zu beleidigen, und jeden Tag bleibt der Körper unversehrt, die Wunden schließen sich, das Blut verschwindet. Irgendein Gott wacht über ihn, alter Mann; auch wenn er gestorben ist, ein Gott liebt ihn.« Ach, diese Worte hörte ich mit Freude im Herzen ... Ich bot ihm die Trinkschale an, die Trinkschale, die ich für Achill mitgenommen hatte, ich schenkte sie ihm und fragte ihn, ob er uns dafür ins Lager der Achäer führen könne. »Alter Mann, stell mich nicht auf die Probe«, sagte er. »Ich kann ohne das Wissen des Achill kein Geschenk von dir annehmen. Wer dem Mann etwas stiehlt, den erwartet großes Unglück. Aber ich werde dich ohne Belohnung zu ihm führen. Und du wirst sehen, dass es niemand wagen wird, dich mit mir aufzuhalten.« So sagte er, stieg auf den Wagen, nahm die Zügel und spornte die Pferde an. Und als er zum Graben und zur Mauer kam, sagten die Wächter nichts zu ihm, er fuhr durch die offenen Tore, und im Nu geleitete er uns zum Zelt des Achill. Es war majestätisch, von Fichtenstämmen gestützt und von einem großen Hof umgeben. Das große Tor war aus

Holz. Der Mann öffnete es und hieß mich hineingehen. »Es ist nicht gut, wenn mich Achill sieht, alter Mann. Du aber zittere nicht, fall vor ihm auf die Knie. Mögest du sein hartes Herz erweichen.« Da ging der alte König hinein. Ideos ließ er draußen zur Bewachung der Wagen. Und er betrat das Zelt des Achill. Einige Männer machten sich um einen noch gedeckten Tisch zu schaffen. Achill saß allein in einer Ecke. Der alte König näherte sich ihm, ohne dass es jemand gemerkt hätte. Er hätte ihn vielleicht töten können. Aber er fiel ihm zu Füßen und umschlang seine Knie. Achill war von Staunen ergriffen, wie versteinert vor Überraschung. Priamos fasste seine Hände, die schrecklichen Hände, die so viele seiner Söhne getötet hatten, führte sie an seine Lippen und küsste sie. »Achill, du siehst mich, ich bin schon alt. Wie dein Vater, habe ich die Schwelle des traurigen Alters überschritten. Aber er wird wenigstens in seinem Land sein und hoffen, den Sohn eines Tages aus Troia zurückkehren zu sehen. Unermesslich ist dagegen mein Unglück. Fünfzig Söhne hatte ich, um mein Land zu verteidigen, und der Krieg hat sie mir fast alle genommen; ich hatte nur noch Hektor, und du hast ihn getötet, vor den Mauern der Stadt, deren einziger heldenhafter Verteidiger er war. Ich bin hierhergekommen, um ihn nach Hause mitzunehmen, gegen herrliche Geschenke. Hab Mitleid mit mir, Achill, denk an deinen Vater: Wenn du mit ihm Mitleid hast, hab auch mit mir Mitleid, der als einziger unter allen Vätern sich nicht schämte, die Hand dessen zu küssen, der seinen Sohn getötet hat.« Die Augen des Achill füllten sich mit Tränen. Mit einer Handbewegung schob er Priamos sanft von sich weg. Die beiden Männer weinten in Erinnerung an den Vater, den geliebten Jungen, den Sohn. Sie weinten in der Stille des Zeltes. Dann erhob sich Achill von seinem Sitz, nahm den alten König bei der Hand und hieß ihn aufstehen. Er schaute auf sein weißes Haar, seinen weißen Bart und sagte bewegt: »Du Unglücklicher, der du so viel ausgestanden hast in deinem Herzen. Wo hast du den Mut hergenommen, um bis zu den Schiffen der Achäer zu kommen und dich vor dem Mann niederzuknien, der dir so viele tapfere Söhne getötet hat? Du hast ein starkes Herz, Priamos. Setz dich hier nieder auf meinen Sitz. Vergessen wir zusammen die Bange, denn das Weinen nützt nichts. Es ist das Geschick der Menschen, im Schmerz zu leben, und nur die Götter leben im Glück. Das unergründliche Geschick teilt Gutes und Schlimmes aus. Mein Vater Peleus war ein Mann, der Glück hatte, der Erste unter allen Männern, König in seinem Land, Gemahl einer Frau, die eine Göttin war: Doch das Geschick gab ihm nur einen Sohn, der zum Regieren geboren war, und jetzt ist dieser Sohn fern von ihm, eilt auf sein tödliches Schicksal zu, Verderben säend unter seinen Feinden. Und du, der einst so glücklich war, Herr eines großen Landes, Vater vieler Söhne, Besitzer eines unermesslichen Vermögens, jetzt bist du gezwungen, jeden Morgen mitten in Krieg und Tod aufzuwachen. Sei stark, alter Mann, und quäle dich nicht. Wenn du deinen Sohn auch beweinst, es bringt ihn doch nicht ins Leben zurück.« Und mit einer Handbewegung lud er den alten König ein, sich auf seinen Sitz zu setzen. Aber der wollte nicht, sagte, er wolle den Leichnam seines Sohnes mit seinen eigenen Augen sehen, nur das wolle er, er wolle sich nicht setzen, er wolle seinen Sohn. Achill sah ihn gereizt an. »Jetzt bring mich nicht in Wut, alter Mann. Ich gebe dir deinen Sohn zurück, weil du lebendig hierhergekommen bist, das heißt, dass ein Gott dich geführt hat, und ich will den Göttern nicht missfallen. Aber bring mich nicht in Wut, denn ich bin auch imstande, den Göttern nicht zu gehorchen.« Da zitterte der alte König vor Angst und setzte sich nieder, wie ihm befohlen worden war. Achill ging mit seinen Männern aus dem Zelt hinaus. Er holte sich die kostbaren Geschenke, die Priamos für ihn ausgesucht hatte. Zwei Leinentücher und eine Tunika ließ er auf dem Wagen liegen, damit Hektors Leichnam eingehüllt werden konnte, sobald er für die Heimreise hergerichtet war. Dann rief er die Sklavinnen und befahl ihnen, die Leiche des Helden zu waschen und zu salben und das alles ein wenig abseits zu machen, damit es Priamos nicht sehen würde und er nicht leiden müsse. Und als der Leichnam hergerichtet war, nahm ihn Achill selbst in die Arme, hob ihn hoch und legte ihn auf seine Totenbahre. Dann ging er ins Zelt zurück und setzte sich dem Priamos gegenüber. »Dein Sohn wurde dir zurückgegeben, alter Mann, wie du es wolltest. Bei Tagesanbruch wirst du ihn sehen und ihn mitnehmen können. Und jetzt befehle ich dir, mit mir zu speisen.« Es wurde eine Art Leichenmahl zubereitet, und als die Mahlzeit zu Ende war, blieben sie einander gegenüber sitzen und redeten in der Nacht. Seine Schönheit musste ich bewundern, ob ich wollte oder nicht, er sah aus wie ein Gott. Und er hörte mir schweigend zu, von meinen Worten hingerissen. So unglaublich es erscheinen mag, wir verbrachten die Zeit damit, einander gegenseitig zu bewundern, so dass ich am Ende vergaß, wo ich war und warum ich dort war, ein Bett verlangte, weil ich, von Schmerz geplagt, seit Tagen nicht mehr geschlafen hatte: Und sie bereiteten mir ein Lager mit kostbaren Teppichen und Purpurdecken in einer Ecke, damit mich kein anderer Achäer sah. Als alles bereit war, kam Achill zu mir und sagte: »Wir werden den Krieg unterbrechen, um dir die Zeit zu geben, deinen Sohn zu ehren, alter König.« Und dann nahm er meine Hand und drückte sie, und ich hatte keine Angst mehr.

Mitten in der Nacht wurde ich wach, als alle um mich herum schliefen. Ich musste verrückt geworden sein, dass ich gedacht hatte, bis zum Morgengrauen dort zu warten. Ich stand leise auf, ging zu den Wagen, weckte den Ideos, wir spannten die Pferde ein und fuhren los, ohne dass uns jemand sah. Und als das goldene Morgenrot die ganze Erde überflutete, hatten wir die Mauern Trojas erreicht. Von der Stadt aus sahen uns die Frauen, und sie begannen zu schreien, der König Priamos sei zurückgekommen und mit ihm sein Sohn Hektor, und alle strömten aus den Toren und liefen uns entgegen. Alle wollten den schönen Kopf des Toten streicheln, während sie weinten und dumpfe Klagen erhoben. Unter Mühen gelang es dem alten König, die Wagen in die Stadt und dann in den Königspalast zu schieben. Sie nahmen Hektor und legten ihn auf ein kunstreich verziertes Bett. Um ihn herum erhob sich die Totenklage. Und eine nach der anderen traten die Frauen zu ihm, und seinen Kopf in den Händen haltend, nahmen sie von ihm Abschied. Als Erste Andromache, seine Gemahlin. »Hektor, du bist jung gestorben, und in unserem Haus lässt du mich als Witwe mit einem kleinen Kind zurück, das nie groß werden wird. Diese Stadt wird zerstört werden, weil du, ihr Beschützer, gestorben bist. Die edlen Gemahlinnen wird man zu den Schiffen zerren, und ich werde eine von ihnen sein. Deinen Sohn wird einer von den Achäern packen und von den hohen Türmen hinunterschleudern, ihm aus Hass und Verachtung für dich, der so viele achäische Söhne, Brüder und Freunde getötet hat, einen schrecklichen Tod bereiten. Heute beweinen dich deine Eltern, und es beweint dich die ganze Stadt, aber niemand beweint dich mit so viel Schmerz wie deine Gemahlin, die nie vergessen wird, dass du zum Sterben weit weg von ihr gegangen bist.«

Es beweinte ihn Hekuba, seine Mutter. »Hektor, von allen meinen Söhnen meinem Herzen der liebste. Die Götter liebten dich, als du lebtest, aber auch als Toten haben sie dich nicht verlassen. Achill hat dich im Schmutz geschleift, um seinen geliebten Patroklos glücklich zu machen, aber jetzt finde ich dich hier, und du bist schön und frisch und unversehrt. Die Lanze des Achill hat dich zerteilt, aber du scheinst eines sanften Todes gestorben zu sein, mein Sohn.«

Und schließlich beweinte ihn Helena aus Argos. »Hektor, mein Freund. Zwanzig Jahre sind vergangen, seit mich Paris aus meinem Land weggebracht hat. Und in den zwanzig Jahren habe ich von dir nie ein böses Wort oder eine Beleidigung gehört. Und wenn mich jemand hier im Königspalast verfluchte, hast du mich immer mit liebevollen, freundlichen Worten verteidigt. Ich beweine dich, weil ich in dir den einzigen Freund beweine, den ich hier hatte. Du bist von uns gegangen und hast mich allein gelassen, dem Hass aller ausgeliefert.«

So weinten in der Nacht die Frauen und die Männer Troias um den Leichnam Hektors, des Pferdebändigers. Am Tag darauf errichteten sie den Scheiterhaufen zu seiner Ehre, und hoch schlugen die Flammen im rosigen Licht der Morgenröte. Seine weißen Gebeine bewahrten sie in einer goldenen Urne, die in ein purpurnes Tuch eingehüllt war. Jetzt ruhen sie in der Tiefe der Erde, wo kein achäischer Krieger sie mehr stören kann.

DEMODOKOS

Lange Zeit nach diesen Geschehnissen war ich am Hof der Phäaken, und dorthin kam als Schiffbrüchiger vom Meer ein geheimnisvoller, namenloser Mann. Er wurde empfangen wie ein König und mit allen Riten der Gastfreundschaft geehrt. Bei dem prächtigen Festmahl, das für ihn zubereitet worden war, sang ich die Abenteuer der Helden, denn ich bin Sänger von Beruf. Der Mann hörte mir am Ehrenplatz sitzend zu, schweigend und bewegt lauschte er meinem Gesang. Und als ich zu Ende gekommen war, schnitt er ein Stück Fleisch für mich ab, reichte es mir und sagte: »Demodokos, eine Muse, Tochter des Zeus, muss deine Lehrmeisterin gewesen sein, denn du singst mit vollkommener Kunst die Geschichten der achäischen Helden. Ich würde gern von deiner Stimme die Geschichte des hölzernen Pferdes hören, der Falle, die der göttliche Odysseus sich ausdachte, um Ilios zu zerstören. Singe sie, und ich werde allen sagen, dass ein Gott dir das Singen beigebracht hat.« Darum bat mich der namenlose Mann. Und dies sang ich für ihn und für alle.

Schon war das zehnte Jahr vergangen, und immer noch dauerte der Krieg. Abgenutzt rissen die Riemen der Schilde, und erschöpft ließen die Sehnen der Bögen die schnellen Pfeile fallen. Alt geworden standen die Pferde betrübt auf der Weide, ließen den Kopf hängen, die Augen geschlossen und trauerten den Gefährten nach, mit denen sie sich getummelt und gekämpft hatten. Achill lag unter der Erde zusammen mit dem geliebten Patroklos, Nestor weinte um seinen Sohn Antilochos, Ajax, der Sohn des Telamon, irrte durch den Hades, nachdem er sich selbst getötet hatte; tot war Paris, die Ursache allen Unglücks, und Helena lebte an der Seite ihres neuen Gemahls Deiphobos, eines Priamos-Sohns. Die Troer weinten um Hektor, Sarpedon und Rhesos. Zehn Jahre. Und Troia stand noch unversehrt im Schutz seiner unbesiegbaren Mauern.

Odysseus war es, der das Ende dieses endlosen Krieges herbeiführte. Er befahl dem Epeios, aus Holz ein riesengroßes Pferd anzufertigen. Epeios war der Beste, wenn es darum ging, mechanische Konstruktionen oder Kriegsmaschinen zu bauen. Er machte sich an die Arbeit. Aus den Bergen ließ er viele Baumstämme holen, es war dasselbe Holz, aus dem die Troer vor Jahren die Schiffe für Paris, den Ursprung allen Unglücks, gebaut hatten. Epeios verwendete sie, um das Pferd zu bauen. Er begann mit dem Bauch, den machte er breit und hohl. Dann befestigte er den Hals, und auf die purpurfarbene Mähne goss er reines Gold. An der Stelle der Augen brachte er Edelsteine an: Zusammen glänzten der grüne Smaragd und der blutfarbene Amethyst. An den Schläfen machte er die Ohren fest, hochgestellt, als würden sie in der Stille das Schmettern der Kriegstrompete vernehmen. Dann montierte er den Rücken, die Flanken und schließlich die Beine mit gebeugten Knien, als wären sie in einem Lauf begriffen, einem unbewegten, aber wahren Lauf. Die Hufe waren aus Bronze, mit glitzernden Schildkrötenschuppen überzogen. In die Flanke des Tiers schnitt das Genie des Epeios eine kleine, unsichtbare Tür und montierte eine Leiter, auf der, wenn es nötig war, die Männer hinauf- oder hinuntersteigen konnten und die dann im Pferd verschwand. Sie arbeiteten tagelang. Schließlich stand das riesengroße Pferd wunderbar und furchterregend vor den Augen der Achäer.

Da berief Odysseus die Fürsten zu einer Versammlung ein. Und er sprach mit der tiefen Stimme, deren nur er fähig war. »Freunde, ihr vertraut immer noch auf eure Waffen und euren Mut. Aber in der Zwischenzeit werden wir hier ruhmlos alt und verbrauchen uns in einem endlosen Krieg. Glaubt mir, wir werden Troia nur mit Intelligenz und nicht mit Gewalt einnehmen. Seht ihr das herrliche Holzpferd, das Epieios gebaut hat? Hört meinen Plan: Einige von uns werden furchtlos in das Pferd steigen. Alle anderen werden, nachdem sie das Lager niedergebrannt haben, den leeren Strand verlassen und in See stechen, um sich hinter der Insel Tenedos zu verstecken. Die Troer müssen glauben, dass wir wirklich abgefahren sind. Sie werden das Pferd sehen und werden es als eine Ehrengabe für ihren Mut oder als ein Geschenk der Göttin Athene nehmen. Vertraut auf mich: Sie werden es in die Stadt bringen und das wird ihr Ende sein.«

So sprach er. Und alle hörten ihm zu. Sie warfen das Los, um zu beschließen, wer in das Pferd steigen sollte. Und das Los fiel auf fünf von ihnen: Odysseus, Menelaos, Diomedes, Antiklos und Neopthelmos, der ein Sohn des Achill war. Sie stiegen in das Pferd hinein, und dann schlossen sie die kleine Tür, die Epeios in das Holz geschnitten hatte. Sie duckten sich im Dunkel, und es war ihnen angst und bange. Sie glichen Tieren, die, von einem Gewitter erschreckt, sich in ihre Höhle geflüchtet hatten und jetzt, von Hunger und Pein gemartert, auf die Rückkehr der Sonne warteten.

Die anderen warteten inzwischen auf die Nacht, und als es dunkel war, zerstörten sie die Lager und stachen in See. Vor Tagesanbruch waren sie schon auf hoher See und verschwanden hinter der Insel Tenedos. Am Strand, wo das unermessliche Heer zehn Jahre lang gelebt hatte, waren nur rauchende Karkassen und Leichen zurückgeblieben.

Unter den ersten Schatten des neuen Tages sahen die Troer in der Ferne den Rauch der Brände. Immer lauter wurde die Stimme, die Achäer seien geflohen, und tausendmal hallte sie wider vom einen zum anderen mit immer größerer Hoffnung und Freude. Sie kamen aus den Stadtmauern heraus, zuerst einzeln und dann immer zahlreicher, und gingen durch die ganze Ebene, um nachzusehen. Als Priamos, umgeben von den Alten Troias erschien, sah er einen unermesslichen verlassenen Strand, in dessen Mitte ein riesiges Holzpferd thronte. Alle drängten sich um dieses Wunderding: Einige wollten es aus Hass auf die Achäer ins Meer werfen oder mit der Axt in Stücke schlagen; aber andere, von der Schönheit des Pferdes verführt, rieten dazu, es den Göttern zu weihen und in die Stadt zu bringen, damit es zu einem herrlichen Denkmal des gewonnenen Krieges werde. Und schließlich waren sie in der Überzahl, denn elend sind die Menschen, und es ist ihnen nicht gegeben, in die Zukunft zu schauen, sondern nur in den Nebeln der Gegenwart zu leben. Sie schoben das Pferd auf schnellen Rädern durch die ganze Ebene, wobei sie es mit Gesang und Tanz begleiteten. Laut ertönten die Schreie der Männer, welche die dicken Seile zogen und unter ungeheuren Mühen das Tier mit den vergifteten Eingeweiden zu ihren Wohnstätten brachten. Als sie bei den Mauern angekommen waren, mussten sie die Tore verbreitern, um das Pferd in die Stadt zu befördern, so groß war es. Aber auch das taten sie unter Tanz und Gesang, während sie einen Blumenteppich ausstreuten, wo das Pferd vorbeikommen würde, und ringsum Honig und Düfte ausgossen.

Genau da erschien Kassandra, die Tochter des Priamos, der die Götter das Glück, dass sie die Zukunft sehen konnte, und die Pein, dass man ihr nie glaubte, gegeben hatten. Sie erschien wie eine Furie mitten in diesem Fest, wobei sie sich die Haare zerraufte, die Kleider zerriss und brüllte. »Ihr Elenden, was ist dieses Unglückspferd, das ihr wie Wahnsinnige hereinschiebt? Ihr lauft auf eure finsterste Nacht zu. Dieses Tier geht schwanger mit feindlichen Kriegern und wird sie unter dem liebevollen Blick der Athene, der Städteräuberin, in der Nacht gebären. Und ein Meer von Blut wird durch diese Straßen fließen und alles in einer großen Todeswoge mitreißen. Ach, geliebte Stadt meiner Vorfahren, bald bist du leichte Asche im Wind. Vater, Mutter, ich flehe euch an, kommt wieder zu euch und entfernt dieses Grauen von uns. Zerstört dieses Pferd, zündet es an, ja, dann werden wir wirklich feiern mit Tanz und Gesang, erst dann können wir uns der Freude hingeben über die wiedergefundene Freiheit, die wir so sehr lieben.«

So schrie Kassandra. Aber niemand wollte auf sie hören. Ihr Vater Priamos tadelte sie gewaltig: »Unglücksprophetin, von welcher bösen Gottheit bist du diesmal besessen? Ist dir unsere Freude lästig? Kannst du es nicht ertragen, dass wir in Frieden diesen Tag der so lang ersehnten Freiheit feiern? Der Krieg ist zu Ende, Kassandra. Und dieses Pferd ist kein Unglück, sondern ein würdiges Geschenk für Athene, die Schutzherrin unserer Stadt. Geh jetzt, geh in den Palast zurück. Wir brauchen dich nicht mehr. Von heute an darf im Schatten der Mauern Troias keine Angst mehr sein, sondern nur noch Freude, Fest und Freiheit.« So wurde Kassandra mit Gewalt ins Dunkel des Palastes gezerrt. In ihren Augen brannte Troia schon in den hohen Flammen des Verderbens.

Das Pferd brachten sie vor den Tempel der Athene und stellten es auf einen hohen Sockel. Rundherum gab sich das Volk der hemmungslosesten Freude hin, überließ sich dem Wahn und vergaß jede Vorsicht. An den Toren standen wenige Wachposten, zurückgekehrt aus einem Krieg, den man für beendet hielt. Im rosigen Licht des Sonnenuntergangs kam schließlich herrlich gekleidet Helena von Argos aus dem Palast. Unter den bewundernden Blicken der Troer ging sie durch die Stadt und stand dann zu Füßen des ungeheuren Pferdes. Dann tat sie etwas Seltsames. Sie ging dreimal rings um das Pferd, wobei sie die Stimmen der Gemahlinnen der drin versteckten achäischen Helden nachahmte und diese rief und anflehte, sie mögen in ihre Arme kommen. Den fünf Achäern im blinden Dunkel des Pferdebauches brach schier das Herz. Es waren wirklich die Stimmen ihrer Gemahlinnen, so unglaublich es sein mochte, es waren ihre Stimmen, die nach ihnen riefen. Es war etwas grausam Süßes, und allen stiegen die Tränen in die Augen, und die Angst quälte ihr Herz. Antiklos, der Schwächste und Ahnungsloseste von ihnen, öffnete auf einmal den Mund, um zu schreien. Odysseus sprang auf ihn und drückte ihm die Hände auf den Mund, beide Hände mit aller Kraft. Antiklos begann um sich zu schlagen und suchte verzweifelt freizukommen. Aber der unerbittliche Odysseus drückt ihm die Hände auf den Mund und ließ nicht locker, bis Antiklos schauderte und dann noch einmal schauderte, ein letztes Mal heftig hochfuhr und schließlich erstickte.

Zu Füßen des Pferdes warf Helena von Argos einen letzten Blick auf den stummen Bauch des Tiers. Dann drehte sie sich um und ging in den Palast zurück.

In der stillen Nacht leuchtete eine Fackel auf, um der achäischen Flotte das Zeichen zu geben. Ein Verräter ließ sie in der Höhe und in der Dunkelheit leuchten. Aber einige sagen, es sei Helena von Argos selbst gewesen, die den Verrat beging. Und während die Schiffe der Achäer zum Strand zurückfuhren und das Heer schweigend die Ebene überflutete, stiegen aus dem Bauch des Pferdes Odysseus, Menelaos, Diomedes und Neopthelmos. Wie Löwen fielen sie über die Wachen an den Toren her, wo sie das erste Blut der schrecklichen Nacht fließen ließen. Die ersten Schreie stiegen zum Himmel Troias. Die Mütter erwachten, ohne etwas zu verstehen, sie drückten ihre Kinder enger an sich und erhoben ein leises Klagen wie von leichten Schwalben. Die Männer wälzten sich im Schlaf, wo sie das Unglück vorausahnten und von ihrem eigenen Tod träumten. Als Witwe ihrer Krieger begann die Stadt Kadaver zu erbrechen. Es starben die Männer, ohne die Zeit zu haben, zu ihren Waffen zu greifen, es starben die Frauen, ohne zu versuchen davonzulaufen, es starben in ihren Armen die Kinder und in ihren Bäuchen die nie Geborenen. Es starben die Alten ohne Würde, während sie auf dem Boden liegend die Arme erhoben und baten, verschont zu werden. Hunde und Vögel wurden verrückt in ihrem Rausch und stritten sich um das Blut und das Fleisch der Toten.

Mitten durch das Massaker liefen Odysseus und Menelaos und suchten die Gemächer der Helena und des Deiphobos. Den Deiphobos erwischten sie, während er sich davonmachen wollte. Mit dem Schwert durchschnitt ihm Menelaos den Bauch: Es fielen die Eingeweide zu Boden, und es fiel Deiphobos, Krieg und Wagen vergessend, für immer. Helena fanden sie in ihren Gemächern. Sie folgte zitternd ihrem alten Ehemann: In ihrem Herzen spürte sie die Erleichterung über das Ende ihres Unglücks und die Scham für das, was geschehen war.

Jetzt müsste ich von jener Nacht singen. Singen müsste ich von Priamos, der zu Füßen des Zeusaltars getötet wurde, und von dem kleinen Astianax, der von Odysseus über die Mauern hinuntergeschleudert wurde, und vom Weinen Andromaches und von der Schande Hekubas, die wie eine Sklavin davongeschleift wurde, und vom Schrecken Kassandras, die auf dem Altar der Athene von Ajax, Sohn des Oileios, vergewaltigt wurde. Singen müsste ich von einem Geschlecht, das hingeschlachtet wurde, von einer wundervollen Stadt, die ein flammender Scheiterhaufen und das stumme Grab ihrer Söhne wurde. Singen müsste ich von jener Nacht, aber ich bin nur ein Sänger, das mögen die Musen tun, ich kann es nicht, von einer solchen Nacht des Schmerzes werde ich nicht singen.

So sagte ich. Dann merkte ich, dass jener Mann, der Namenlose, weinte. Er weinte wie eine Frau, wie eine Gemahlin, die sich über den Mann beugt, den sie liebt und den die Feinde umgebracht haben, er weinte wie ein Mädchen, das, von einem Krieger entführt, für immer Sklavin sein muss. Das merkte Alkinoos, der König, der neben ihm saß, und er gab mir ein Zeichen, damit ich aufhörte zu singen. Dann beugte er sich zu dem Fremden und sagte: »Warum weinst du, Freund, wenn du die Geschichte von Ilios hörst? Die Götter wollten diese Nacht voll Blut, und die Männer sind gestorben, damit dann auf ewig von ihnen gesungen wird. Warum musst du leiden, wenn du ihre Geschichte hörst? Vielleicht ist dir in jener Nacht ein Vater, ein Bruder gestorben, oder du hast in jenem Krieg einen Freund verloren? Beharre nicht auf deinem Schweigen und sage mir, wer du bist und woher du kommst und wer dein Vater ist. Niemand kommt namenlos zur Welt, so reich oder so arm er sein mag. Sag mir deinen Namen, Fremdling.«

Der Mann senkte den Blick. Dann sagte er leise: »Ich bin Odysseus. Ich komme aus Ithaka, und dorthin werde ich eines Tages zurückkehren.«

EINE ANDERE SCHÖNHEIT.
POSTILLE ÜBER DEN KRIEG

Es will etwas heißen, wenn man in diesen Jahren die Ilias liest. Oder sie »neu schreibt«, wie ich es versucht habe. Es sind Kriegsjahre. Und wie sehr mir der »Krieg« immer noch als der falsche Ausdruck erscheint (ein Verlegenheitsausdruck, würde ich sagen), um zu definieren, was in der Welt geschieht, sind es allerdings Jahre, in denen eine gewisse stolze Barbarei, die seit Jahrtausenden mit der Erfahrung des Krieges verbunden ist, wieder zur täglichen Erfahrung wurde. Schlachten, Morde, Gewalttätigkeiten, Folterungen, Enthauptungen, Verrat. Heroismus, Waffen, strategische Pläne, Freiwillige, Ultimatum, Aufrufe. Aus einer Tiefe, die wir für versiegelt hielten, ist das ganze grausame, helle Rüstzeug wieder an die Oberfläche getreten, das für undenkliche Zeiten die kämpfende Menschheit begleitet hat. In einem solchen Zusammenhang – der unheimlich delikat und zugleich skandalös ist – gewinnen auch die Details eine besondere Bedeutung. Eine öffentliche Lesung der Ilias ist ein Detail, aber nicht irgendein Detail. Um nicht missverstanden zu werden, ich meine, die Ilias ist eine Kriegsgeschichte, durch und durch: Sie wurde verfasst, um Menschen, die kämpfen, zu besingen, und zwar so denkwürdig, dass sie ewig dauert und selbst noch den letzten Sohn der Söhne erreicht, wenn sie von der feierlichen Schönheit und der unüberwindbaren Emotion singt, die der Krieg einst war und immer sein wird. In der Schule wird sie uns wohl anders erzählt. Aber das ist ihr Kern. Die Ilias ist ein Denkmal für den Krieg.

So ergibt sich naturgemäß die Frage: Welchen Sinn hat es, in einer Epoche wie der jetzigen einem Denkmal für den Krieg so viel Raum, Aufmerksamkeit und Zeit zu widmen? Wieso wird man bei den vielen existierenden Geschichten ausgerechnet von dieser angezogen, beinahe als wäre sie ein Licht, das eine Flucht aus der Finsternis dieser Tage diktiert?

Eine wirkliche Antwort könnte man, glaube ich, nur geben, wenn man fähig wäre, unsere Beziehung zu *allen* Kriegsgeschichten von Grund auf zu verstehen, und nicht zu dieser im Besonderen, ich meine, unseren Instinkt zu verstehen, dass wir nie aufhören, solche Geschichten zu erzählen. Aber das ist eine sehr komplexe Frage, die sich gewiss nicht hier und nicht von mir lösen lässt. Was ich tun kann, ist, bei der *Ilias* zu bleiben und zwei Dinge anzumerken, die mir in einem Jahr der Arbeit und des engsten Kontaktes mit diesem Text in den Sinn kamen: Sie enthalten zusammengefasst alles, was ich bei dieser Geschichte mit der Klarheit echter Erkenntnisse gelernt habe.

Das Erste. Zu den überraschendsten Dingen der *Ilias* gehört die Kraft, eigentlich das Erbarmen, mit denen die Sache der Besiegten überliefert wird. Die Geschichte wurde von den Siegern geschrieben, aber im Gedächtnis bleiben auch, wenn nicht vor allem, die menschlichen Gestalten der Troer. Priamos, Hektor, Andromache, sogar Nebenfiguren wie Pandaros und Sarpedon. Diese übernatürliche Fähigkeit, die Stimme der gesamten Menschheit und nicht nur seiner selbst zu sein, fiel mir auf, während ich am Text arbeitete und entdeckte, dass die Griechen in der *Ilias* zwischen den Zeilen eines Denkmals für den Krieg ebenso die Erinnerung einer beharrlichen Liebe zum Frieden überliefern. Auf den ersten Blick merkt man es nicht, denn man ist geblendet vom Glanz der Waffen und der Helden. Aber wenn man länger darüber nachdenkt, kommt eine unerwartete *Ilias* zum Vorschein. Ich möchte sagen: die weibliche Seite der *Ilias*. Oft sind es die Frauen, die den Wunsch nach Frieden direkt äußern. Sie verkörpern, an den Rand der Kämpfe verbannt, die beharrliche und beinahe unerlaubte Hypothese einer alternativen Kultur, die von der Pflicht des Krieges nichts weiß. Sie sind überzeugt, dass man anders leben könnte, und sie sagen es. Am klarsten sagen sie es im VI. Gesang, einem kleinen Meisterwerk der Geometrie der Gefühle. In einer stehengebliebenen, leeren, der Schlacht geraubten Zeit geht Hektor in die Stadt und begegnet drei Frauen: und es ist wie eine Reise auf die andere Seite der Welt. Genau betrachtet flehen alle drei um dasselbe, um Frieden, aber jede mit der ihr eigenen gefühlsmäßigen Färbung. Die Mutter fordert ihn auf zu beten. Helena lädt ihn ein, sich an ihrer Seite auszuruhen (und vielleicht auch noch zu etwas mehr). Andromache schließlich bittet ihn, Ehemann und Vater zu sein statt Held und Kämpfer. Vor allem in diesem letzten Zwiegespräch liegt eine Synthese von einer fast lehrhaften Klarheit. Zwei mögliche Welten stehen einander gegenüber, und jede hat ihre Gründe. Starrer, blinder die von Hektor; moderner, viel menschlicher die von Andromache. Ist es nicht bewundernswert, dass eine machohafte und kriegerische Kultur wie die der Griechen sich dazu entschied, die Stimme der Frauen und ihres Wunsches nach Frieden weiterzugeben?

Durch ihre Stimme lernt man die weibliche Seite der *Ilias* kennen. Aber sobald man sie begriffen hat, findet man sie überall wieder. Sich verflüchtigend, unmerklich, aber unglaublich hartnäckig. Ich nehme sie sehr stark wahr in den zahllosen Passagen der *Ilias*, wo die Helden sprechen, anstatt zu kämpfen. Es sind endlos lange Versammlungen, unaufhörliche Debatten, und sie gehen einem erst dann nicht mehr auf die Nerven, wenn man zu verstehen beginnt, was sie eigentlich sind: ihre Art und Weise, die Schlacht so lange wie möglich hinauszuschieben. Sie sind Scheherazade, die durch ihr Erzählen dem Tod entrinnt. Das Wort ist die Waffe, mit der sie den Krieg aufs Eis legen. Auch wenn sie diskutieren, wie sie ihren Krieg kämpfen sollen, kämpfen sie erst mal nicht, und das ist trotz allem auch ein Mittel, ihm zu entkommen. Sie sind alle zum Tod verurteilt, aber die letzte Zigarette ziehen sie endlos in die Länge: Und sie rauchen sie mit Worten. Wenn sie dann wirklich in die Schlacht gehen, verwandeln sie sich in blinde Helden, die jeglichen Fluchtweg vergessen, fanatisch ihrer Pflicht ergeben sind. Aber davor: Davor liegt eine lange weibliche Zeit wissender Langsamkeiten und Blicke zurück, wie von Kindern.

Die höchste und leuchtendste Form dieses Widerwillens finden wir folgerichtig bei Achill. Er ist in der *Ilias* derjenige, der am längsten braucht, bevor er in die Schlacht zieht. Er ist derjenige, der wie eine Frau den Krieg aus der Ferne erlebt, während er auf seiner Leier spielt und sich in Gesellschaft derer aufhält, die er liebt. Ausgerechnet er, der die wildeste und fanatischste, buchstäblich übermenschliche Verkörperung des Krieges ist. Die Geometrie der *Ilias* ist darin von geradezu unheimlicher Präzision. Wo der Triumph der Kriegskultur am stärksten ist, dort ist auch die weibliche Neigung zum Frieden von der größten Hartnäckigkeit und der längsten Dauer. Letzten Endes kommt bei Achill das zum Vorschein, was sich kein Held eingestehen kann, und zwar in der Klarheit einer expliziten und definitiven Rede. Was er im IX. Gesang vor der ihm von Agamemnon gesandten Botschaft sagt, ist wohl der heftigste und evidenteste Friedensschrei, den uns unsere Väter überliefert haben:

Nichts sind gegen das Leben die Schätze mir; nichts, was vordem auch / Ilios barg, wie man sagt, die Stadt voll prangender Häuser, / Einst, als blühte der Fried', eh die Macht der Achaier daherkam; / Noch, was die steinerne Schwelle des Treffenden drinnen bewahret, / Phöbos Apollons Schatz, in Pythos' klippichten Feldern. / Beutet man doch im Kriege gemästete Rinder und Schafe, / Und gewinnt Dreifüß' und braungemähnete Rosse; / Aber des Menschen Geist kehrt niemals, weder erbeutet, / Noch erlangt, nachdem er des Sterbenden Lippen entflohn ist.

Das sind Worte nach Art der Andromache. Aber in der Ilias werden sie von Achill ausgesprochen, welcher der höchste Priester der Religion des Krieges ist, und deshalb erklingen sie mit einer Autorität ohnegleichen. In dieser Stimme – die, unter einem Denkmal für den Krieg begraben, sich vom Krieg verabschiedet und sich für das Leben entscheidet – lässt die Ilias eine Kultur durchblicken, zu der die Griechen nicht fähig waren, die sie trotzdem intuitiv erfasst hatten und kannten und sogar in einem geheimen und von ihrem Gefühl beschützten Winkel bewahrten. Diese Intuition zu vollenden ist wohl, was in der Ilias als Erbe und Aufgabe und Pflicht uns gegeben ist.

Wie sollen wir diese Aufgabe angehen? Was sollen wir tun, um die Welt so weit zu bringen, dass sie ihrer eigenen Neigung zum Frieden folgt? Auch darüber hat uns die Ilias, glaube ich, etwas beizubringen. Und sie tut es mit ihrer evidentesten und skandalösesten Seite: der kriegerischen und männlichen. Ohne Zweifel wird in dieser Geschichte der Krieg als etwas dargestellt, in das ein ziviles Zusammenleben beinahe zwangsläufig mündet. Aber sie beschränkt sich nicht darauf, sondern macht noch etwas viel Wichtigeres und, wenn man so will, Unerträglicheres: Sie besingt die *Schönheit* des Krieges, und zwar mit einer denkwürdigen Kraft und Leidenschaft. Es gibt fast keinen Helden, dessen geistige und körperliche Pracht im

Augenblick des Kampfes nicht erwähnt würde. Es gibt fast keinen Tod, der nicht ein reich verzierter und mit Poesie geschmückter Altar wäre. Die Faszination für die Waffen ist immer gegenwärtig, und die Bewunderung für die ästhetische Schönheit der Heeresbewegungen ist beständig. Von unglaublicher Schönheit sind die Tiere im Krieg und feierlich die Natur, wenn sie als Rahmen für ein Massaker zu erscheinen hat. Sogar die Schläge und die Wunden werden als herrliche Werke eines paradoxen, grausamen, doch wissenden Handwerks besungen. Man könnte glauben, dass alles, von den Männern bis zur Erde, in der Erfahrung des Krieges den höchsten Moment seiner ästhetischen und moralischen Verwirklichung findet: beinahe den glorreichen Scheitel einer Parabel, die nur in der Grausamkeit des tödlichen Zusammenstoßes ihre Vollendung findet. In dieser Huldigung an die Schönheit des Krieges zwingt uns die *Ilias*, uns an etwas zu erinnern, das lästig, aber von unerbittlicher Wahrheit ist: Jahrtausendelang war der Krieg für die Menschen die Gelegenheit, bei der die Intensität – die Schönheit – des Lebens in ihrer ganzen Macht und Wahrheit zum Vorschein kam. Er war beinahe die einzige Gelegenheit, sein Geschick zu ändern, die Wahrheit seiner selbst zu finden, zu einem hohen ethischen Bewusstsein aufzusteigen. Im Gegensatz zu den blutleeren Emotionen des Lebens und der mittelmäßigen moralischen Statur des Alltags brachte der Krieg die Welt in Bewegung und warf die Einzelnen jenseits der gewohnten Grenzen an einen Ort der Seele, der ihnen endlich als der Hafen aller Suchen und Wünsche vorkommen musste. Ich spreche hier nicht von fernen barbarischen Zeiten; noch vor wenigen Jahrzehnten meldeten sich feinsinnige Intellektuelle wie Wittgenstein und Gadda an die Front in einem unmenschlichen Krieg in der Überzeugung, dass sie nur dort sich selbst finden würden. Es handelt sich gewiss nicht um schwache Individuen, denen es an Mitteln und Kultur gefehlt hätte. Trotzdem lebten sie, wie ihre Tagebücher bezeugen, noch in Überzeugung, dass diese Grenzerfahrung – die fürchterliche Praxis des tödlichen Kampfes – ihnen etwas bieten konnte, was das tägliche Leben nicht vermochte. In dieser ihrer Überzeugung spiegelt sich das Profil einer nie gestorbenen Kultur wider, in der der Krieg der Angelpunkt der menschlichen Erfahrung blieb, als Katalysator allen Werdens. Noch heute, in einer Zeit, in der für den größten Teil der Menschen die Vorstellung, in eine Schlacht zu ziehen, eine Absurdität ist, wird mit Kriegen, die vertretungsweise von Corps von Berufssoldaten gekämpft werden, der kriegerische Geist weiter geschürt. Das verrät im Grunde eine Unfähigkeit, im Leben einen Sinn zu finden, der ohne diesen Augenblick der Wahrheit auskommt. Der beinahe unverhohlene männliche Stolz, von dem sowohl im Westen wie in der islamischen Welt die letzten kriegerischen Auseinandersetzungen begleitet waren, lässt einen Instinkt erkennen, den der Schock der Kriege des 20. Jahrhunderts offenbar nicht ersterben ließ. Die *Ilias* erzählt diese Denk- und Empfindungsweise, indem sie die Schönheit betont. Die Schönheit des Krieges – jede seiner Einzelheiten – spricht von dessen zentraler Bedeutung in der menschlichen Erfahrung ...

Die *Ilias* zeigt, dass kein Pazifismus heutzutage diese Schönheit vergessen oder leugnen darf, als hätte es sie nie gegeben. Zu sagen und zu lehren, der Krieg sei eine Hölle und sonst nichts, ist eine schädliche Lüge. So grausam es klingen mag, es ist notwendig, sich daran zu erinnern, dass der Krieg zwar eine Hölle ist, *aber eine schöne*. Seit eh und je werfen sich die Menschen hinein, angezogen wie die Nachtfalter vom tödlichen Licht des Feuers. Es gibt weder Angst noch Grauen vor sich selbst, das sie von den Flammen hätte fernhalten können, denn in ihnen fanden sie die Erlösung vom grauen Leben. Deshalb müsste es heute die Aufgabe eines wahren Pazifismus sein, nicht den Krieg bis zum Exzess zu dämonisieren, sondern vielmehr zu verstehen, dass wir, erst wenn wir zu einer neuen Schönheit fähig sein werden, ohne die Schönheit auskommen können, die uns der Krieg seit eh und je bietet. Eine andere Schönheit aufzubauen ist wohl er einzige Weg zu einem wahren Frieden. Zu zeigen, dass man imstande ist, Dämmerschatten des Daseins zu erhellen, ohne auf das Feuer des Krieges zurückgreifen zu müssen. Den Dingen einen starken Sinn zu geben, ohne sie in das blendende Licht des Todes rücken zu müssen. Sein eigenes Schicksal ändern zu können, ohne sich dazu des Schicksals eines anderen bemächtigen zu müssen; es fertigzubringen, Geld und Reichtum in Bewegung zu setzen, ohne auf die Gewalt zurückzugreifen; eine ethische, sogar sehr hohe Dimension zu finden, ohne sie am Rand des Todes suchen zu müssen; sich selbst zu begegnen, in der Tiefe von Augenblicken und Orten, die keine Schützengräben sind; Emotionen, selbst die ungeheuersten, kennenzulernen, ohne auf das Doping des Krieges oder das Methadon der kleinen alltäglichen Gewalttätigkeiten zurückgreifen zu müssen. Eine andere Schönheit, wenn ihr versteht, was ich meine.

Heutzutage ist der Frieden wenig mehr als eine politische Übereinkunft, sicherlich weder eine Denk- noch eine Empfindungsweise, die wirklich verbreitet wäre. Man betrachtet den Krieg als ein Übel, das man vermeiden sollte, gewiss, aber man ist weit davon entfernt, ihn als ein absolutes Übel zu betrachten: Bei der erstbesten, in schöne Ideale eingewickelte Gelegenheit wird es wieder zu einer realisierbaren Option, in den Krieg zu ziehen. Man entscheidet sich manchmal sogar mit einem gewissen Stolz dafür. Die Nachtfalter stürzen sich noch immer ins Licht des Feuers. Ein wirkliches, prophetisches und mutiges Streben nach Frieden sehe ich nur in der geduldigen und verborgenen Arbeit von Millionen Handwerkern, die jeden Tag arbeiten, um *eine andere Schönheit* und den Schein von hellen, klaren Lichtern, die nicht töten, zu erwecken. Das ist ein utopisches Unterfangen und setzt ein ungeheures Vertrauen in den Menschen voraus. Aber ich frage mich, ob wir auf diesem Pfad schon je so weit vorgedrungen waren wie heute. Und deshalb glaube ich, dass uns jetzt niemand mehr auf diesem Weg aufhalten oder dessen Richtung ändern kann. Früher oder später wird es uns gelingen, Achill aus diesem mörderischen Krieg herauszulösen. Und es wird weder die Angst noch das Grauen sein, das ihn heimwärts treibt, sondern eine wie auch immer geartete andere Schönheit, blendender als die seine und unendlich milder.

INHALT

Vorwort 5

Chrysëis 13
Thersites 21
Helena 33
Pandaros, Aeneas 41
Die Amme 57
Nestor 63
Achill 73
Diomedes, Odysseus 83
Patroklos 95
Sarpedon, Ajax, Sohn des Telamon, Hektor 105
Phoenix 121
Antilochos 133
Agamemnon 141
Der Fluss 147
Andromache 155
Priamos 163
Demodokos 173

Eine andere Schönheit. Postille über den Krieg 181